LA LÉGENDE

DES GAGATS

Imprimé aux frais de M. A. BENOIT,
et tiré, pour la vente, à 200 exemplaires.

Paris. — Imprimerie de E. MARTINET, rue Mignon, 2.

LA LÉGENDE
DES GAGATS

ESSAI SUR LES ORIGINES

DE LA

VILLE DE SAINT-ÉTIENNE EN FOREZ

PAR

AUGUSTE CALLET

PARIS

LIBRAIRIE ACADÉMIQUE DIDIER ET Cie

35, QUAI DES AUGUSTINS

LYON	SAINT-ÉTIENNE
AUG. BRUN, LIBRAIRE	CHEVALIER, LIBRAIRE
rue du Plat, 13	rue Gerentet, 2

1866

HISTOIRE DE CET OPUSCULE.

I

Saint-Étienne de Furan, le noir pays des Gagats,
n'a jamais manqué de rimeurs, et Noël Pointe, à
plus d'un titre, fut, à la Convention, son vrai représentant : bon forgeron, de l'esprit, point de
culture, et avec cela, en son patois, vert chanson-
nier. Voilà nos vieux Gagats. Je citerai un de leurs
couplets (air fantasque, paroles bizarres) qui porte,
en son texte, la date du XIe siècle. Ils avaient, ce
qui ne se voit plus qu'en Irlande ou en Galles, des
familles où, de père en fils, tous étaient poëtes.

Jacques Chappelon, par exemple, contemporain
de Henri IV, et après lui maître Antoine, son fils,
tous deux, d'héritage, couteliers, aiguisaient, au
fond de leur échoppe, des vers aussi tranchants que
leurs couteaux. Ces ouvrages, outre leur mérite
littéraire, ont aujourd'hui le prix des vieilles médailles : on y étudie le passé ; vices du temps,
mœurs et coutumes de l'endroit. Ce sont de gaies

et âpres satires, des comédies, des tableaux de genre peints sur le vif, et non de main morte. Jean Chappelon, un abbé, fils de maître Antoine, a cela de plus singulier qu'il revit lui-même en ses œuvres, avec tout son milieu, et c'est, à voir de près, chose curieuse et instructive. Il a tout un poëme, plein d'ironies charmantes, sur « l'Entrée solennelle » du seigneur de Saint-Étienne ; il improvise des noëls pour les enfants et y mêle toutes les affaires de la ville, sans oublier les siennes ; fabrique des chansons pour les fillettes qui vont de porte en porte, au 1ᵉʳ mai, annoncer le printemps ; câline les riches qui tiennent table ; montre les dents aux avares et aux impertinents. La « populaci » n'a qu'à former un vœu, messire Jean dresse en vers ses requêtes, soit à Dieu, soit aux échevins. Il est son avocat et son conseil, ou plutôt il n'est que sa voix. Un jour, l'édit de Nantes branlant, il prend l'avance, veut qu'on chasse de la ville, indigènes ou non, tout ce qu'il y a de huguenots, ce qui, par malheur, était déjà arrivé en 1572, et maître Jacques, son grand-père, alors enfant, l'avait pu voir : quelques centaines de Gagats, traînant après eux femmes et enfants, avaient été contraints de s'expatrier ; ils partirent, ministre en tête, l'escopette sur l'épaule, et s'en allèrent fonder en Auvergne, parmi les rochers, une petite Genève, industrieuse, pieuse, guerroyante, » la sainte mère église de » Pailhat », qui, après une courte prospérité, fut exterminée et brûlée par ordre exprès de François, duc d'Anjou, le gracieux frère de Henri III (1). Un autre jour, dix ans plus tard, en pleine famine, messire Jean, c'est à lui que j'en reviens, voudrait qu'on chassât de la ville, catholiques ou non, tout ce qu'il y a d'étrangers. Il n'a d'entrailles, comme on voit, que pour ceux de sa race, et quand ils pensent comme lui ; mais ceux-là, comme il les aime ! Comme il rit, goguenarde, trinque et joue avec eux ! Comme il sent leurs souffrances et, au premier signe, maudit de bon cœur leurs ennemis, ou réels ou imaginaires ! Bon, spirituel, ignorant, fanatique, éloquent, gracieux et cruel, c'est un poëte primitif au sein d'un clan barbare, une es- pèce de barde, le dernier barde des Gagats, avec leurs qualités et leurs défauts, leurs préjugés et leurs passions, et, sans qu'il s'en doute, à peine chrétien, quoique prêtre. Les couteliers, ses aïeux,

(1) *Histoire des guerres religieuses en Auvergne,* par Imberdis, t. I, 2ᶜ partie.

étaient, à cet égard, moins « populaci » que lui, plus civilisés, meilleurs moralistes.

Ce n'est qu'en 1778, près de cent ans après la mort de messire Jean, qu'ont été enfin recueillies et publiées, pour la première fois, les œuvres de la famille Chappelou, ou, du moins, ce qui en reste. On les a, en ce siècle, assez souvent réimprimées, toujours servilement, à la chinoise, en s'appliquant à copier jusqu'aux fautes d'orthographe qui fourmillent dans le travail du premier éditeur. Une leçon un peu plus correcte de ce curieux monument de la littérature des Gagats était donc opportune, et d'autant plus que leur patois même, déjà fort altéré, ne sera bientôt plus qu'une langue morte. Deux Gagats s'étant rencontrés dans cette patriotique pensée, l'un, pour l'exécuter, y a mis son temps, et l'autre, M. Auguste Benoît, conseiller à la cour impériale de Paris, y a mis le surplus, c'est-à-dire, en toute affaire terrestre, l'essentiel. Notre édition des trois Chappelon, qui paraîtra bientôt, sera donc, grâce à lui, typographiquement du moins, tout à fait digne des regards d'un bibliophile.

J'aurais voulu, pour introduction à cette lecture, faire une histoire des Gagats ; je m'y étais même engagé ; mais, à l'œuvre, j'ai reconnu la témérité de l'entreprise.

II

Cette grande ville de Saint-Étienne est désormais dans le temps ce qu'elle est dans l'espace, pleine de souterrains, de replis et de brumes, visible par endroits comme à travers un voile, et, d'ensemble, invisible.

De la plus haute des collines à l'entour desquelles elle s'enroule, votre œil n'en saisit jamais qu'une partie, et à demi noyée dans la fumée des forges ; le reste vous est caché ; mais, à la fumée qui sort de toutes parts des vallées ambiantes et plane au-dessus de votre horizon borné, le reste pourtant se devine : il y a, on le pressent, là-bas, derrière ces coteaux, ce qu'il y a à vos pieds et même sous vos pieds : sous vos pieds, un peuple souterrain de mineurs (1), et, à la surface, un peuple de forgerons ;

(1) « ... Au même lieu de Sautetière commencent les
» fauxbourgs de l'opposite monde des Antipodes, où plu--
» sieurs des habitants vont, viennent, négocient, chemi-
» nant dans leurs profondes et ombreuses vallées, à

une immense extraction et une immense combustion de houille, un prodigieux déploiement de forces productrices, des milliers d'hommes à la tâche, le mouvement, la vie, les joies et les souffrances du travail. Sans tout voir, vous en êtes sûr, et vous pouvez alors vous représenter en esprit, vaguement, la physionomie et l'étendue de notre industrieuse ville.

C'est ainsi qu'il faut, à travers d'épais nuages, deviner son histoire. L'écrire serait impossible, au moins dans ce moment. Rien que pour établir son existence au XII⁰ siècle et son genre de vie dans les deux siècles suivants, les témoignages directs, affirmatifs, indiscutables, font défaut; on ne peut,

» contrepoil des autres, leurs concitoyens... En ceste
» région de taupes, ils ne sauraient dire... que l'on y voit
» le jour..., car, à la vérité, en ces basses contrées,
» n'apparaist au plus clair midy un seul esclat de lumière...
» Et toutesfois cette populace est tellement accoutumée, se
» plaît et se délecte en ceste éternelle obscurité, que si
» l'un d'eux, pour aucune sienne nécessité, vient à faire
» quelque sortie..., vous les verriez à œil fermé mespriser
» la lumière céleste, se remettre dans leurs antres et
» fuir à pas hastés au plus profond de leurs tièdes et
» exhale-fumées cavernes... » (Marcellin Allard, *Gazette française*, 1605.)

en ces temps relativement modernes, procéder que par induction, et au lieu d'avoir à raconter une suite de faits attachants, bien certifiés et d'une vérification facile, on en serait réduit à disserter, c'est-à-dire à justifier par le raisonnement chaque allégation.

III

La seule chose à faire, en telle conjoncture, la seule utile, ce serait donc une série d'études critiques sur les différents âges qu'embrasse, non pas l'histoire positive, mais la légende des Gagats.

Le présent opuscule pourra, sauf rectification, servir de point de départ à cette série d'études que, pour mon compte, j'abandonne, non faute de goût, mais faute de loisirs.

J'ai, en cet essai, abordé la tradition par son côté le plus lointain, le plus suspect et, en quelque façon, le plus inaccessible à nos prises. N'existe-t-il absolument aucun moyen de reconnaître si le bourg des Gagats est, en effet, comme le veut la légende, un antique atelier de forgerons gaulois ? Voilà, dans sa simplicité apparente, le problème, au fond très-complexe, que je me suis posé, et que j'ai (nonobstant sans doute mainte erreur de détail) cru pouvoir résoudre affirmativement, par des raisons qui, dans l'ensemble, me paraissent concluantes.

Je n'avais pour me guider en ces délicates recherches' que de frêles indices; mais de même qu'on peut, avec des fils de soie, faire une chaîne qui porte sans se rompre de lourds fardeaux; de même, ce me semble, on peut en multipliant, rapprochant et nouant de fugitifs indices, ourdir un tissu de probabilités assez solide pour suppléer parfois avec bonheur aux preuves défaillantes. On n'a pas tous les jours en cour d'assises de meilleurs éléments de conviction, et l'on décide là-dessus de la vie des hommes.

L'histoire ne saurait avoir la prétention d'être, en fait de preuves, plus sévère que la justice. L'erreur, toujours possible, même en présence de témoignages immédiats que l'on serait tenté de croire infaillibles, est ici d'ailleurs sans danger; disons mieux : en matière archéologique, l'erreur même est féconde en résultats avantageux. Elle peut, selon sa nature, son objet ou ses causes, provoquer d'utiles discussions, servir à démontrer ou l'inanité du but poursuivi par l'auteur, ou l'imperfection de sa méthode. Elle peut aussi n'être que partielle et, dans ce cas, être compensée par quelques aperçus neufs et judicieux assez souvent mêlés, en ce genre d'enquête, à de graves méprises.

Je crois, par exemple, avoir déterré à Saint-Étienne et fait revivre une espèce de petite Pompéi gauloise; il se peut que je me fasse, sur ce point important, une complète illusion; mais, qui sait ? j'ai peut-être, en mes fouilles, découvert véritablement deux ou trois divinités gauloises jusqu'à présent inconnues, déterminé la nature du culte qu'on leur rendait, entrevu quelque chose de l'organisation industrielle de la Gaule avant les Romains, démêlé enfin et dégagé, sous la dure et épaisse couche latine qui, en France, a tout recouvert, quelques linéaments nouveaux de notre antique civilisation indigène.

C'est, du moins, cette espérance qui m'a encouragé à publier le mince ouvrage dont on vient de lire l'histoire.

LA LÉGENDE

DES GAGATS

On dit aux chroniqueurs de Saint-Étienne:
aucun auteur grec ou latin n'a parlé de
votre ville; d'un autre côté, cette ville ne
contient pas le moindre reste d'antiquité.
En voilà assez pour juger du mérite de
votre légende; elle ne vaut pas un plus long
examen (1).

Je voudrais opposer à cette fin de non-
recevoir deux exemples seulement : ce sera
la préface, d'ailleurs, très-courte de cette
étude.

(1) Aug. Bernard, *Hist. du Forez*, t. II, p. 54. — La
Tour-Varan, *Châteaux et Abbayes*, t. II, p. 269. —
Hedde, *Saint-Étienne ancien et moderne*, p. 6. — Bonne-
fous, *Histoire de Saint-Étienne*, p. 18 et 19.

§ 4. — Modonium.

Il y a en Forez, tout près de Montbrison, un petit village appelé Moind et, dans les titres du moyen âge, Modonium. Ce village, qui porte un nom celtique, était devenu, sous l'empire romain, une ville assez opulente (1). On y trouve un palais, un temple et un théâtre en ruines. Cependant, aucun auteur grec ou latin n'a jamais parlé de Modonium (2). Ce nom est la seule mais

(1) *Description du pays des Segusiaves*, par Auguste Bernard. Ce beau travail a été couronné par l'Institut.

(2) M. Bernard propose de placer à Modonium l'*Aquis segete* de la carte de Peutinger. Une de ses raisons, c'est que la ville de Saint-Galmier, naguère encore identifiée par plusieurs savants avec *Aquis segete*, s'appelait, au viie siècle, Auditiac. Mais l'objection s'applique avec la même force aux deux localités, puisque l'auteur reconnaît (p. 95) que le nom latin de Moind (*Aquis segete*) n'était guère qu'à l'usage des Romains, et a dû disparaître entièrement avec leur domination ; par conséquent, au viie siècle, on disait Modonium, comme on disait Auditiac.

infaillible attestation de l'origine toute gauloise de cette ville morte (1); ces ruines sont
également la seule et infaillible marque de
sa transformation et de sa splendeur sous
les Romains.

Le silence des auteurs n'est donc pas par
lui-même une preuve concluante de la non-
existence d'une ville romaine; à plus forte
raison, de la non-existence d'un bourg
gaulois.

§ 2. — Mediolanum Insubrum.

Voici l'exemple inverse, et je le prends,
comme le premier, à nos portes.

(1) « Moind n'offrait sous les Gaulois qu'un groupe de
» maisons placées autour d'une fontaine d'eaux minérales :
» c'est ce qu'indique son nom, dont le radical, *mod*, si-
» gnifie en kymrique : cercle, clôture, enceinte... Les
» Romains seuls se servirent du nom d'*Aquæ segestæ*, et
» les habitants du lieu continuèrent à employer celui de
» Modonium, qui seul est resté. » (A. Bernard, *loc. cit.*)

Il y avait quelque part, dans la Cité Éduenne, un canton des Insubres, et dans ce canton une ville qui s'appelait Mediolanum. Petite peuplade, mais vaillante, qui essaima de là les monts, avec les Senonais, les Lingons, les Bituriges, et y fonda, en souvenir de la patrie, une autre Mediolanum, aujourd'hui Milan. Il y a de cela environ deux mille cinq cents ans. C'est Tite-Live (*Histoire romaine*, livre V) qui nous apprend ces choses.

Où sont, je vous prie, les ruines de cette ville gauloise, qui fut la mère et la marraine de Milan? On perd son temps à les chercher; on ne sait pas même où était situé, dans la Cité Éduenne, le canton des Insubres. C'est en Berry, disent les uns (1); en plein Forez, disent les autres (2). Mais, dans l'une

(1) Dans cette hypothèse, c'est à Château-Meillant qu'on place Mediolanum.

(2) D'Anville a, le premier, émis cette opinion. Dom

et l'autre hypothèse, les preuves palpables font défaut. Ici et là, les pierres sont muettes et les populations sans mémoire. Cependant, personne n'en doute : l'Insubrie était un pagus des Éduens, ayant pour chef-lieu Mediolanum.

L'absence de ruines n'est donc point par elle-même une preuve concluante de la non-existence d'une ville antique. A quoi bon, en effet, ces preuves matérielles ? Il y a, pour la science, plus d'un moyen d'y suppléer.

Martin s'y est rallié. Ils placent Mediolanum à Meys, sur la Brevenne. — On a fait, du reste, là-dessus bien d'autres conjectures. M. Garnier met les Insubres à Mâlain, en Bourgogne, du côté de Dijon ; M. Valentin Smith les cherche au bord de la Saône, et M. Aug. Bernard (*Notice historique sur le diocèse de Lyon*) croit les voir dans le canton de Matour en Autunois. Aucune découverte archéologique n'est venue consolider une seule de ces suppositions. Les noms dérivés de Mediolanum sont excessivement communs ; ce qu'il faudrait trouver à défaut de mieux, ce serait quelque trace du nom des Insubres.

§ 3. — *Que la tradition est un commencement de preuve.*

César, pendant dix ans, avait, en tous sens, parcouru la Gaule ; il parle longuement et souvent de la Cité Éduenne ; mais les Insubres, il ne les nomme pas. De telles omissions chez lui ne sont pas rares et son livre en renferme de plus inexplicables. On ne s'en étonne donc guère, et sur ce point de fait, on s'en rapporte à Tite-Live.

Est-ce que Tite-Live avait passé les Alpes, afin de s'assurer s'il y avait jamais eu, dans la Cité Éduenne, un canton des Insubres, et, dans ce canton, un Mediolanum ? Nullement. Ce qu'il en dit, c'est sur la foi d'autrui : il nous raconte une vieille tradition des Gaulois d'Italie, et cette tradition, alors vivante, morte aujourd'hui, a juste pour nous le même degré de certitude qu'elle pouvait avoir en elle-même, avant qu'il ne la mît par écrit. Il nous la transmet telle qu'il l'a reçue, sans y ajouter, en l'adoptant, un nouveau caractère de crédibilité.

Tite-Live, en effet, mettait plus de temps à polir une narration qu'à en vérifier l'exactitude. Dès qu'il s'agissait de pays ou de temps lointains, il s'arrêtait volontiers, comme tous les anciens, aux racontages populaires. Ce genre d'information a son prix, et alors c'était souvent le seul qu'on eût à sa portée. Aussi tient-on grand compte de tout ce qu'il y a de naturel dans la plupart de ces récits que l'antiquité a, pour son instruction et la nôtre, puisés dans la tradition, source première et longtemps unique de l'histoire. Au lieu de rejeter avec mépris les notions ainsi acquises, on les recherche, et c'est à leur lumière qu'on pénètre le plus avant dans les secrets du passé.

La tradition verbale a sans doute perdu quelque chose de sa primitive autorité; elle n'est plus considérée, du moins, comme une preuve parfaite; mais elle est, pour la science, un commencement de preuve qui sollicite l'examen, et que ne sauraient infirmer ni le silence des auteurs, ni l'anéantissement des signes purement matériels à l'aide desquels on pourrait, sans trop d'efforts, compléter la preuve.

§ 4. — Conclusion.

Les objections qu'on fait aux naïfs chroniqueurs du vieux Sant-Tiève-de-Furan (1) ne sont donc pas de nature à décourager les esprits curieux et quelque peu sagaces.

(1) Sant-Tiève (prononcez Tsiève) est le vieux nom patois de notre ville. Jacques Chappelon et Marcellin Allard écrivaient, au commencement du XVIIe siècle, Sant-Étiève, sans doute pour rapprocher ce nom roman de sa forme française « Étienne ». Mais le peuple a conservé l'ancienne prononciation. L's de Tsiève n'a, du reste, aucun rapport avec l's initiale de Stephanus. Dans notre patois, le *t* et le *d*, mis devant un *i* et un *u*, se prononcent toujours *ts* et *dz*. *Ti* fait *tsi*; *tu* fait *tsu*; *di* égale *dzi* et *du* égale *dzu*. Par conséquent, l's initiale de *Stephanus* avait complètement disparu chez les Gagats.

Nous ne pouvons, il est vrai, invoquer en
faveur de notre antiquité ni certificats de
César et de Tite-Live, ni reliques du sol.
Semblables à un voyageur sans papiers,
nous sommes, en quelque sorte, nos propres
témoins. Mais nous habitons, de temps
immémorial, la même vallée, et ceux qui
nous croient nouveaux ne sauraient dire à
quelle époque notre société a commencé.
Nous avions au XIVe siècle, et nos contra-
dicteurs l'avouent, un historien, George du
Clapier, l'Hérodote des Gagats; son livre
est malheureusement perdu; mais il nous
reste, en place d'histoire, une tradition toujours populaire et toujours vivante. C'est là
un commencement de preuve, et d'autant
plus digne d'examen que cette tradition, qui
s'est perpétuée, de bouche en bouche, parmi
des gens sans lettres, est ce qu'il y a de plus
simple et de plus modeste. Nous ne disons
pas que nos aïeux ont fondé Milan, pris
Rome, brûlé Delphes, résisté à César. Ce

n'était point ce qu'on appelle des héros ;
c'étaient des forgerons, ayant appris des
Druides leur métier, adorant, au milieu des
bois, le soleil, la lune, le tonnerre, et autres
pareils dieux, et longtemps fidèles à ce culte.

Voilà, au fond, toute notre légende. Elle
ajoute que Sant-Tiève alors se nommait
Furan ; son peuple, les Gagats.

C'est sur les points que nous avons ainsi
précisés que portera notre examen, et peut-
être, en cherchant bien, trouverons-nous
quelque moyen de confirmer et compléter,
au moins en partie, le témoignage de nos
pères.

Rien n'est intéressant comme l'histoire de
la métallurgie, car la métallurgie a jadis
opéré dans le monde terrifié et charmé une
révolution plus grande et non moins féconde
que celle que la houille y accomplit pacifi-
quement sous nos yeux ; rien, en revanche,
n'est plus mystérieux, si ce n'est l'histoire
de ce combustible encore inconnu à Paris

en 1794 (1), et peut-être employé de toute antiquité dans quelques-uns des lieux où la nature l'a placé sous la main de l'homme. Nous n'aurons pas à étudier ces problèmes dans leur généralité; mais notre enquête, quoique toute locale dans son but, nous obligera à remuer quelques-uns des voiles qui les obscurcissent, ce qui pourrait donner parfois à ce travail un genre d'attrait moins circonscrit que celui qui s'attache aux origines d'une seule ville.

(1) C'est dans l'hiver de 1794 qu'arrivèrent à Paris, pour la première fois, quelques bateaux chargés de houille. Toute la ville s'ébranla pour aller voir cette merveille. Les savants seuls, à cette époque, en possédaient sous verre quelques échantillons. Mais ni le peuple ni les savants ne se doutaient alors que le charbon de terre, cette chose rare qu'on allait voir, deviendrait bientôt un des plus puissants instruments de la révolution sociale qui venait d'éclater.

ESSAI
SUR LES ORIGINES DE LA VILLE
DE
SAINT-ÉTIENNE EN FOREZ

I

DU NOM DES GAGATS.

Ce nom ressemble, pour la forme et le sens, au mot latin *gagates*, jais, et au mot grec γαγάτης, pierre précieuse. Mais il n'est pas prouvé qu'il soit d'origine grecque ou latine, car il est sans famille dans ces deux langues.

§ 1ᵉʳ. — Le Gagys.

Gagatès n'est point un mot grec : la pierre précieuse, mais inconnue de nos lapidaires, que les Grecs appelaient ainsi, empruntait son nom au Gagys, fleuve de la Lycie, dans le lit duquel on allait, dit-on, la pêcher.

Ne cherchez pas ce fleuve sur la carte ; aucun voyageur ne l'a encore retrouvé, et d'Anville, qui n'avait pas à s'occuper de la géographie imaginaire, n'en a pas même inscrit le nom dans ses tables. Mais veuillez remarquer que la Lycie est le chemin que prirent les Curètes et les Cabires, lorsqu'ils passèrent, avec leurs secrets, de la Phrygie dans l'Archipel. Il serait donc possible que *gagatès* désignât, dans la langue des divins forgerons, soit le minerai brut, soit quelque pierre comburante propre à la fusion et au travail des métaux. Sous ce nom, en effet, Pline décrit le jais ou jayet, qui est, comme la houille, un charbon, et nous allons voir que, dans l'origine, ou du moins dans un passé déjà fort ténébreux, le même nom était commun aux deux substances.

§ 2. — Traces du radical *gag* dans les pays houillers
et dans les pays métallifères.

Dans le bassin houiller du Gard, proche d'Alais, est le vieux bourg de Valgague, surnommé, depuis le moyen âge, Saint-Martin de Valgague.

Les Burgagiates, peuplade gauloise fort obscure, dont l'existence n'a été révélée que par les anciens actes du diocèse d'Uzès (1), habitaient aussi cette contrée houillère, et le bourg de Barjac (2) semble indiquer avec assez de précision l'emplacement inconnu qu'ils occupaient.

Le bassin houiller de l'Ardèche a le bourg

(1) Dom Martin, *Hist. des Gaulois*, t. II, *Dict. top.* — Ménard, *Hist. de Nîmes* (t. III, s'il m'en souvient, dans les *Appendices* contenant les notes et pièces justificatives).

(2) Ils habitaient sur la frontière du diocèse d'Uzès et du diocèse de Viviers. Barjac remplit cette condition beaucoup mieux que Bourg-Saint-Andéol, où dom Martin et Ménard, trompés par l'initiale *Bur-g*, ont cru pouvoir placer cette peuplade.

de Jaujac (1), encore peuplé aujourd'hui de forgerons et de mineurs.

Celui de l'Aveyron a Gaillac (2).

A deux cents lieues de là, chez les Wallons, quand on veut avoir une certaine qualité de houille, on demande de la gaïète (3); chez les Flamands, de la gaillette, et dans nos bassins du centre, de la gaillarde (4).

Rive-de-Gier (Loire), dans le Jarez, a ses mines de Crosagague (5) encore exploitées aujourd'hui, et Saint-Étienne a son Quar-

(1) Adoucissement de *gag-ac*. C'est ainsi que *gagatès* a fait *jayet*.

(2) Voyez la note 4 ci-après.

(3) Grangagnage, *Dict. du patois wallon.* — Ici le premier *g* de *gagate* a gardé le son dur, et le deuxième *g* s'est adouci en *j* voyelle. — Dans Jaujac, les deux *g* de *gag-ac*, en perdant le son dur, sont devenus *j* consonne.

(4) Cette intrusion, sans doute très-tardive des *ll* mouillées dans le mot *gaïète*, nous explique comment la même altération s'est produite dans le nom du bourg de Gaillac, jadis Gaïac, plus anciennement Gag-ac.

(5) *Cros à gague*, trou à charbon. C'est le nom d'une des concessions du bassin du Gier.

tier-Gaillard (1), très-riche en combustible ;
une des mines de cette localité brûlait il y
a trois siècles, et ce foyer, dans mon enfance,
était à peine éteint.

En Irlande et dans l'Écosse gaëlique, *gag*
et *gagahd* signifient : fente, ouverture (2),
galerie de mineur.

Gag ayant donné *gaï* en certaines localités,
a donné, en d'autres localités, *gab* et *gav*, en
vertu d'une loi de permutation bien connue
des celtistes. C'est ainsi que Gascon est
l'équivalent de Vascon et de Basque ; c'est
ainsi que Ségusiave est devenu, sur l'autre

(1) Voyez, pour la forme de ce nom, la note 4, page 4.
Le Quartier-Gaillard est une des riches concessions du
bassin du Furan. C'était, il y a trois siècles, une espèce
de volcan (Hedde, *Saint-Étienne ancien et moderne*). On
comprend que ce n'est pas cette circonstance qui a valu à
ce quartier le nom de Gaillard, pris dans le sens de joyeux.

(2) Roget de Belloguel, *Glossaire gaulois*, art. 169,
p. 140. — Je mettrai souvent à contribution ce savant
livre, n'ayant pas sous la main, à mon grand regret, tous
les dictionnaires néo-celtiques, très-rares et très-chers, où
l'auteur a puisé.

rive de la Saône, Sébusiave, et que Waldemar, transformé en Baldomerus, nous a donné Saint-Galmier.

Les Gabali (du Gévaudan) avaient des mines d'argent, de plomb et de cuivre.

A Gabilona (*aliàs* Cabillo) ou Châlon-sur-Saône, des mines de fer et des forges.

A Gap (Vapincum), le mont *Bayar* et ses tourbières, et près de là, dans la caverne de *Jarjaye*, des filons de houille.

A Gabian, dans l'Hérault, des mines de houille; et de la houille encore à Gavour ou Cavour, près de Pignerol, dans les Alpes.

Aber-Gavenny, comté de Monmouth, en Angleterre, est célèbre par ses houillères et ses forges. C'est l'antique Gobanium, nom dont le radical celtique *gob* (= *gof*) signifie forgeron.

Parmi les peuplades gauloises qui, au 1er siècle de notre ère, s'associèrent, dit-on, à la révolte de Civilis, on cite les

Gugerni. Ils habitaient le pays houiller et métallifère de Clèves et de Juliers. Serait-il téméraire de décomposer ce nom en *gag-houern*? On aurait, par contraction, *gagern*, signifiant houille et fer. C'est, à mon avis, la vraie leçon, car une famille noble de ces contrées porte encore aujourd'hui le nom de Gagern.

Je ne pousserai pas plus loin ces recherches, je ne fais qu'indiquer la voie. Si je ne me suis pas complétement trompé, on voit déjà que *gag*, avec le sens plus ou moins bien déterminé de charbon de terre ou de minerai, devait être un mot commun aux trois idiomes : celtique, grec et latin. Nous trouvons, du moins dans l'antiquité, aux deux extrémités de la Gaule continentale, et en des contrées houillères, deux peuplades dont le nom rappelle celui des Gagats, les Burgagiates et les Gagern, dénominations incontestablement indigènes.

§ 3. — Sens moral du mot *Gagat* dans le patois de Saint-Étienne.

Il semble que ce mot ne peignait à l'origine que la nature du sol, et, par suite, le genre de travaux qu'exigeait l'exploitation du sol. Il devint ainsi, en certains lieux, de nom topique, nom professionnel. *Gagat* était l'équivalent de mineur ou de métallurge : c'était, dans le val de Furan, le portrait du houilleur et du forgeron à la houille.

Mais il faut qu'il y ait de cela bien des siècles, car, à Saint-Étienne et dans tout le Jarez, depuis la Loire jusqu'au Rhône, on ne l'entend plus ainsi. Le houilleur y est, de temps immémorial, un « pereirô », et le forgeron un « fargeô ». *Gague* y est absolument inintelligible. Gagat, par conséquent, y a perdu sa valeur descriptive, mais y a gardé, trace assez vive de son ancienneté, un sens ethnique étroitement borné aux habitants d'une seule localité, Saint-Étienne et sa banlieue. C'est le nom héréditaire d'une peuplade, comme l'était, dans le Midi, celui des Burgagiates, et celui des Gagern dans le Nord.

En revanche, ce nom a pris, à la longue, dans le patois de Saint-Étienne, un second sens, un sens moral. Il y est synonyme de bon, simple, droit, confiant, crédule au bien, et cette acception morale, probablement la plus ancienne, devait naturellement en amener une autre, celle de dupe ; mais celle-ci, avec le temps, en fit naître, fort naturellement aussi, une troisième, car ce même mot, qui signifie, bon enfant, innocent, partant dupe, a fini par signifier en même temps, avisé, méfiant, moqueur, déniaisé, un homme qui sait compter et cache sous un air ingénu beaucoup d'expérience, un peu de malice, en un mot, ce genre d'esprit qu'on appelle par excellence « l'esprit gaulois ». C'est pourquoi, même d'un étranger, on dira, avec une sympathique tristesse : « Paurou Gagat ! » ou bien avec admiration : « Ah ! lou Gagat ! »

On voit qu'ici, moralement, le Gagat, c'est l'homme même. Rien d'injurieux ne se mêle à cette expression, rien de bas. Elle peint en quelque sorte l'idéal humain, tel qu'on a pu, lentement et successivement, le concevoir au sein de cette petite société, longtemps isolée et comme séparée du reste du monde.

§ 4. — **Comment ce mot a fait lignée dans notre patois.**

Gagat a pour féminin « Gagassi »; pour diminutif, au sens moral, « gaguet, gaguetta », et de plus on en a tiré le verbe « gagassie », c'est-à-dire, hésiter, rougir, avoir des scrupules, faire l'enfant ou l'innocent, ce qui nous rapproche du sens moral primitif dont il a été question au chapitre précédent.

Ce mot semble avoir conservé, mais en s'altérant dans sa forme, quelques vestiges de ses rapports originaires avec la houille et les houilleurs. En effet, nous appelons « cayoun » et « caye » (1) le pourceau et la truie, ces animaux chercheurs, fouisseurs, fureteurs, que la science druidique avait, en leur état sauvage, adoptés pour emblème. Cayoun veut également dire, noirci, charbonné, barbouillé, et, par extension, malpropre, d'où « cayounnâ », noircir, salir; « cayounnarie », souillure, tache; action ou parole indécente; « cayounnada », conte gras.

§ 5. — Conclusion.

Tant de rejetons, et si divers, suffiraient seuls à attester la haute antiquité d'un mot dans un dialecte quelconque. Cette preuve

______

(1) Du Cange a trouvé *caya* dans la basse latinité, avec le sens de maison. De là, selon M. Onofrio (*Glossaire des patois de Lyonnais, Forez et Beaujolais*), le nom du porc domestique. Ce *caya*, maison, me paraît suspect, n'ayant laissé après lui aucune trace reconnaissable, et ne se rattachant à rien dans les langues anciennes. C'est peut-être le mot *casa* mal écrit qui aura trompé l'œil exercé du savant glossateur. Mais *casa*, qui vit encore en presque tous nos patois, n'explique nullement *cayoun*.

est ici fortifiée par deux circonstances singulièrement remarquables, savoir : premièrement, l'oubli absolu du radical commun *gag*
et du sens primitif de ce radical ; secondement, la transformation de ce sens technique
primitif en sens ethnique, et, à la longue, en
sens moral très-complexe et très-ondoyant.

On ne m'accusera pas de témérité, si, de
cet ensemble de faits, j'ose dès à présent
conclure que les Gagats ne sont pas nés
d'hier.

II

IDÉE QU'ON PEUT SE FAIRE D'UN ATELIER DE FORGERONS GAULOIS.

Je ne trouve, au premier aperçu, dans la
légende des Gagats, rien d'invraisemblable.
Il y avait des forges dans la Gaule six cents
ans avant l'expédition de César ; ce n'est pas
certes avec des flèches, des frondes, des
massues, que les compagnons de Bellovèse

avaient conquis la haute Italie. Dans des tombes celtiques, fort antérieures à la fondation de Rome, on ramasse des colliers, des bracelets, des épées de bronze, et quelquefois des lames de fer. Cette industrie est donc sur notre sol une des plus anciennes, et elle y avait fait, sans le secours de l'étranger, des progrès remarquables. Les inventeurs de l'étamage et de la cotte de maille devaient être assurément d'assez bons métallurges. Mais cet art, chez eux comme chez les Phéniciens, les Phrygiens, les Pélasges, s'associait au culte. Ils ne le pratiquaient qu'avec mystère. Alesia, un de leurs sanctuaires métallurgiques, le seul à peu près qui soit connu, était une ville sainte, fondée, disait-on, par Hercule de Tyr, et dans un pays où se rencontrent, comme à Saint-Étienne, la houille et le fer (1).

(1) Il y a, en effet, des mines de fer à Alise. La houille abonde dans toute la contrée. On en trouve notamment à Sombernon, dont le nom primitif (*Comb-houarn*) signifie *vallée du fer*.

Lorsqu'on étudie cette civilisation encore si voilée de la Gaule avant les Romains, on s'aperçoit bien vite d'une chose, c'est que l'industrie, et surtout celle des métaux, ne devait pas y être libre, puisque le peuple y était sans voix dans la cité, et, comme le dit César, *quasi servus*, presque serf. Supposez la liberté, vous trouveriez dans la Gaule une classe moyenne riche, influente, avec laquelle les deux anciennes classes prépondérantes auraient dû compter. Rien de tel n'apparaît dans les *Commentaires*. Fondeurs, orfévres, étameurs, ciseleurs, armuriers, émailleurs, forgerons, mineurs (pour ne rien dire ici des autres professions), y formaient, selon toute apparence, des confréries religieuses, comme celle des Courètes dans la vieille Grèce.

Ces pieuses corporations, enfermées dans des villes closes, comme Alise et probablement Gergovie (1), ou dans des bourgs per-

(1) *Ger* ou *Ker*, ville ; *gof*, forgeron. Il est à remarquer que Vercingétorix, au début de sa glorieuse entre-

dus au fond des bois, y vivaient sous la discipline des Ovates ou Eubages, classe de druides exclusivement vouée, comme on sait, à l'étude des sciences naturelles.

La métallurgie, de bonne heure, s'était émancipée et, pour ainsi parler, sécularisée en Grèce et en Italie. Seule, en Europe, la Gaule avait gardé, jusqu'à la conquête romaine, ses anciennes institutions théocratiques. Mais il faut remarquer qu'en se détachant du sacerdoce, les professions mécaniques ne devinrent pas pour cela absolument libres chez les plus libres nations de l'antiquité. Il y avait à Athènes, entre autres corporations, une corporation de forgerons.

prise, fut chassé de cette ville par son oncle, qui y commandait. Ce chef de Gergovie, sans doute un prêtre, s'appelait, dit César, Gobanition, nom dont le radical *gob* (= *gov* = *gof*) signifie forgeron. — On voit au musée de Cluny une grande clef de fer qui a été trouvée au mont Gergoie, parmi le peu de ruines qui restent de cette illustre Gergovia, où Vercingétorix n'était rentré qu'à force ouverte, et qui fut inutilement assiégée par César.

A Rome, et partout où Rome étendit sa puissance, ces corporations, et surtout celles des métallurges, relevaient de l'État, et tenaient dans une sorte de servitude l'individu qui y était engagé par sa naissance, ou en vertu d'une condamnation. De ces communautés, il y en avait de fort riches, et chacune d'elles se choisissait un protecteur dans le sénat. Chez les Gaulois, au contraire, jusqu'au règne d'Auguste, toute l'organisation industrielle me semble être restée, comme en Égypte, sous la dépendance et la tutelle des prêtres. On dirait même que cette habitude survécut çà et là aux bouleversements de la conquête, car une inscription latine du iiie siècle (1) nous apprend que toutes les corporations lyonnaises, légalement reconnues, avaient pour patron le Ségusiave Caius Vlatius Meleager, sévir augustal, c'est-à-dire un des six principaux membres du collége sacer-

(1) De Boissieu, *Inscriptions antiques de Lyon*. — Aug. Bernard, *le Temple de Rome et d'Auguste.*

dotal qui desservait, à Lyon, le temple de Rome et d'Auguste.

Il y a donc lieu de croire que, dans la vieille Gaule, les chefs d'atelier étaient prêtres, et les ouvriers qu'ils dirigeaient, frères servants de l'ordre, initiés du premier degré, et plus ou moins capables de s'élever, d'épreuves en épreuves, à des degrés supérieurs. C'est sans doute à cause de cette origine hiératique que, dans le pays de Galles, au IXe siècle encore, on voit figurer, à la cour du Brennin, parmi les plus hauts personnages, le forgeron. Il est, comme le barde, un des dix fonctionnaires qui, d'après les lois d'Hoël, ont le droit de s'asseoir à la table du prince.

Telle est confusément l'idée qu'on peut se faire d'un bourg de forgerons gaulois : c'est une espèce d'association religieuse et fraternelle, étroitement liée au druidisme, gouvernée par lui, mystérieuse comme lui, et honorant, sous des noms celtiques, outre les dieux indigènes, une partie des anciennes divinités des sanctuaires de Phrygie et de Samothrace.

III

ASSISE NATURELLE DE NOTRE LÉGENDE.

Il n'est nullement impossible qu'une de ces confréries de métallurges se soit fixée, dès la plus haute antiquité, sur le territoire de Saint-Étienne. Le bois n'y manquait pas ; la houille s'y montre à fleur de sol ; le fer hydraté s'y exploite encore, et il n'est pas téméraire de supposer que ce métal a pu jadis s'y présenter en pyrites d'excellente qualité, presque à l'état natif. Rien n'atteste, il est vrai, l'existence d'anciennes fouilles ; mais si les livres permettaient d'en douter, qui voudrait croire que l'île de Samothrace fut un des principaux foyers de la métallurgie antique ? Les travaux des Cabires n'y ont laissé aucune trace, et le minerai de fer n'y apparaît sous aucune forme. La nature, en beaucoup d'autres lieux, semble donner à l'histoire un pareil démenti. Ici, au contraire, elle est d'accord, sinon avec l'histoire, Druides et Gaulois n'écrivaient point, au moins avec la légende.

Mais si la géologie offre à la tradition une assiette naturelle, ce n'est pourtant pas là, j'en conviens, une garantie suffisante de l'authenticité de cette tradition. Il n'était, en effet, que trop facile de bâtir sur un si solide fondement une légende apocryphe.

IV

LES MONUMENTS.

Nous ne manquons pas, autant qu'on le croit, de monuments. N'avons-nous pas nos bois, nos ruisseaux, nos montagnes? Ce sont là, en vérité, des monuments anciens, plus anciens que les pyramides d'Égypte, et peut-être, si on les interroge, aussi éloquents. Ces choses, en effet, ont des noms, et qu'est-ce qu'un nom? C'est une inscription.

Étudions donc un moment la nomenclature topographique du territoire de Saint-Étienne et de ses environs. La matière est vaste, je ne ferai que l'effleurer.

V

INSCRIPTIONS LATINES OU ROMANES.

Je ne connais, dans nos cantons, qu'une rivière qui porte un nom latin : c'est l'Ondène. Mais, dans la ville même ou sur sa limite, trois ou quatre montagnes ont reçu le baptême latin : le Montault (1), le mont

(1) De *mons altus*. Ce n'est pas un pic, c'est une longue et large croupe de 600 pieds de haut. — On écrit à tort Montaud.

Salson (1), le mont Ferré (2) et le mont des Rapaux (3).

Parmi les lieux habités, citons Villars (4), au pied du Montault; le village de l'Étrat (5),

(1) De *mons saltûs*, mont du bois. — Le patois dit Montsausson, suivant la vieille prononciation romane.

(2) De *mons ferreus*. — Les sources qu'il distille sont, en effet, chargées de sels de fer.

(3) *Mons raporum*. — Littéralement, mont des racines. — Mais *rapum*, dans la province lyonnaise, était devenu synonyme de *buxum*, buis. — Il y avait donc là une forêt de buis. — Le mont des Rapaux est à présent le mont Sainte-Barbe.

(4) *Villa*. — Maison de campagne avec ses dépendances.

(5) *Strata*. — Ce village est situé sur le passage d'une voie romaine qui partait de Lyon, passait à Givor, Chagnon, Saint-Chamond, aboutissait au pont romain de Saint-Just-sur-Loire, et traversait ainsi, dans toute sa longueur, le *pagus Jarensis*. Il y a près de Saint-Just un autre hameau appelé l'*Etrat*, où passait ce chemin, et un hameau appelé Colonges (de *colonia*), occupé sans doute par une garnison qui veillait à la garde du pont et aux péages. — Du premier village de l'Étrat partait un rameau de la voie romaine qui se dirigeait, en remontant le cours du Furan, vers les hautes vallées de la chaîne du Pila, et conduisait, par Rutiange (*rut*, passage), chez les Helviens.

presque en face de Villars; deux Villebœuf (1),
l'un dans la ville, au sud-est; l'autre, sur sa
lisière, vers l'ouest; le quartier des Gaulx (2),
au penchant du mont des Rapaux. Tout proche de la ville est le vallon de Terrenoire (3), si

(1) Il faudrait écrire Villebeus. — Ce nom signifie *Villa
du bois.*

(2) Dans des titres latins du XVe siècle, on trouve le mot
gaulx écrit, par exception, en français, ce qui semble indiquer que le notaire, qui traduisait en son latin tant
d'autres noms de lieux, n'avait pu traduire celui-là. Le sens
en était déjà perdu. *Gaulx* vient de *calcare*, moudre,
broyer, « gâcher », et signifie moulin à vent. Il y avait,
en effet, des moulins à vent (invention gauloise, selon
Varron) sur le mont des Rapaux. Ce fait en lui-même
n'était pas oublié; ce qui était oublié, c'était le sens du
mot destiné à le rappeler. Que pouvait donc signifier
Gaulx? Lisez la *Notice historique* de Descreux. A force de
se creuser la cervelle, le bonhomme, tombant à la fin dans
l'erreur de don Quichotte, a pris ces moulins aux grands
bras pour des chevaliers goths. C'est lui qui vous dira que
ce nom rappelle l'établissement des Goths à Furan. — Je
m'aperçois que M. Hedde l'avait dit avant lui.

(3) On me dira peut-être que Terrenoire est un mot tout
français, et que je vais à tort chercher bien loin son origine. Cependant je ne crois pas me tromper en affirmant
que ce nom est aussi ancien que l'aqueduc romain, dont
les tuyaux souterrains passaient là, et allaient se ramifier

célèbre aujourd'hui par ses grandes forges, et à l'horizon de la ville, en plein midi, se dessine le *Beus nei* ou « bois noir », distant d'une lieue environ de l'humble hameau de la Sauvagnère (1) ou « forêt noire ».

au grand aqueduc qui portait à Lyon, dans le palais des empereurs, les eaux du Gier et de quelques autres sources de nos montagnes. Sur le trajet de cet aqueduc, on trouve, au sortir de Terrenoire, un *Solaneiri* ou « sol noir » ; à quatre lieues plus loin, un bourg de Terre-Noire, nommé, depuis le moyen âge, Saint-Genis-Terrenoire ; un *Champanciri* ou « champ noir », un *Vaunciri* ou « val noir ». Il est impossible que ce soit le hasard qui ait distribué ces noms-là de la sorte, c'est-à-dire uniquement sur le tracé des aqueducs, là où la terre a été certainement remuée et fouillée par les soldats romains. La houille est plus près de la surface et la terre encore plus noire à Saint-Étienne même, à la Ricamarie, au Chambon, à Firminy et sur d'autres points du Jarez, qu'elle ne l'est sur la ligne des aqueducs. Cependant, je le répète, c'est sur cette ligne seulement que certaines localités empruntent à la nature de leur sol le nom caractéristique de Terrenoire, Champnoir, etc. Ce sont donc là des inscriptions romaines.

(1) En patois ou en vieux roman, *Scauva neiri*, du latin *Sylva nigra*. Ici l'épithète est empruntée à la couleur, non de la terre, mais des bois. On verra bientôt que *Sylva nigra* n'est que la traduction d'un nom plus ancien.

Voilà assurément des inscriptions fort anciennes, datant, les unes de l'époque romaine, les plus récentes de l'âge barbare. Mais tout cela éclaire peu notre légende, et si j'en ai parlé, c'est qu'on y voit la preuve que le territoire des Gagats était connu, fréquenté, habité dès le plus haut moyen âge. On y voit aussi la preuve que ce territoire devait renfermer une population indigène, antérieure aux deux conquêtes, sans quoi montagnes, bois, torrents, bourgades, tous les anciens lieux de la ville et du voisinage auraient, comme la Sauvagnère, l'Ondène, l'Étrat, Montault, mont Salson, reçu des noms latins ou de souche latine, ce qui n'est pas.

VI

INSCRIPTIONS GAULOISES.

Qui donc, en effet, a nommé le mont Pila, ou plutôt le Pila, le Poy, le Puech, le

Poyet, le Poyeton, le Crépon ? Et les torrents de Garon, d'Ozon, de Gier, de Dourley, de Langonan, de Guizey, de Cotatey, de la Cemène, de Janon, de Furan, qui les a nommés ? Et les villes, bourgs ou hameaux, de Givor, Mornant, Dargoire, Toullas, Isieux, Tartaras, Cornas, Cornillon, Nantas, Atheux, Chagnon, Goiffieu, Tarantaise, Firminy, Marlhes, Rochetaillée, Fougerolles, Jonzieu, Rutiange, etc., qui donc, à votre avis, les a nommés ? Dans le pays de Jarez, c'est-à-dire dans le seul arrondissement de Saint-Étienne, j'ai relevé plus de cent noms aussi importants, aussi vieux que ceux-là, et non moins rebelles à toute interprétation latine tant soit peu digne d'examen. Ce n'est pas ici le lieu de les passer tous en revue. Au lieu d'élargir le cercle de cette aride étude, nous devons, au risque de nous priver de plus d'une ressource, le resserrer dans les plus étroites limites. Il s'agit de confronter avec la tradition des Gagats la

nomenclature topographique non latine de
la ville de Saint-Étienne et de ses environs.
Or, comment la déchiffrer ? Où trouver la
clef de cette nomenclature si ancienne, si
vivace, et depuis tant de siècles si inintelligible ? On la trouve sans effort en Irlande,
en Galles, en Écosse, en Armorique, dans
tous les dialectes celtiques encore vivants.
Elle est là, et si, par hasard, le sens de ces
inscriptions gauloises vient, en partie, confirmer notre tradition, on ne pourra pas dire
qu'elle a été fabriquée après coup, entre le
XIVe et le XVIIIe siècle, à l'aide de ces mêmes
inscriptions locales dont la signification est
perdue dans le pays depuis plus de mille ans.

VII

LE BOIS SACRÉ.

Nous avons vu par les dénominations
latines de mont Salson, mont des Rapaux, et

par les dénominations romanes de Villebeus,
que le bourg des Gagats s'élevait au milieu
d'un bois. Nous avons montré, à une lieue
au sud de la ville, un reste de ce bois appelé, en patois, le *Beus nei*, et à deux lieues
environ au sud-ouest, le hameau de la *Seauva
neiri*, dont le nom signifie également « bois
noir ». Tel était donc, à n'en juger que sur
ces apparences, le nom primitif de la forêt
qui entourait la demeure de nos pères et
couvrait de son ombre tout l'ancien *pagus
Jarensis*, c'est-à-dire tout le bassin houiller
du département de la Loire.

Essayons maintenant de pénétrer plus
avant dans ces secrets du passé.

A l'une des portes de la ville, du côté de
l'orient, est un petit bois de chênes appelé
bois « Daveize », et à la porte opposée, du
côté du couchant, est un lieu appelé, de
temps immémorial, le « Deveis ». Ces deux
mots, diversement altérés, mais altérés seulement dans leur syllabe initiale, signifient

l'un et l'autre, comme nous l'allons voir, *Seauva neiri,* « bois noir », et de plus, en celtique, « bois sacré ». Ils se composent de deux éléments, dont le premier est l'adjectif *dû*, noir, divin, et le second, le nom *wez*, arbre, forêt.

En ce qui concerne le nom, rien de plus facile à démontrer. *Wez* est encore aujourd'hui, en armoricain, le pluriel de *gwezen*, arbre ; ce mot signifie donc « les arbres », et par extension, la forêt. Il avait jadis ce dernier sens dans toute la Gaule. De là, en effet, le nom de l'antique Vesontio, perdue, nous dit César, dans les bois de la Séquanie ; de là les noms de Vesoul, ville située, comme Besançon, dans les bois du Jura ; de Vizille et de Véseronce, en Dauphiné ; de Vezelay, en Bourgogne ; de Vezins, en Rouergue ; de Vézenobre, près d'Alais ; de Vesuna, ancien nom de Périgueux ; du bois du Vésinet, près de Paris ; du faubourg de Vaise, à Lyon. De là enfin, dans le Jarez, ou arrondissement de

Saint-Étienne, deux Aveizieux, un Avezy, un Pavezin, un Vazille, et près de la ville un Bizillon (1).

Il ne peut donc pas y avoir le moindre doute sur la signification des finales *veize* et *veis* dans le nom du bois Daveize, qui est encore un bois, et du quartier *extra muros* du « Deveis », depuis longtemps déboisé. Tout cela ne faisait, avec Bizillon, le *Beus nei*, *Seauvanciri*, Avezy, Aveizieux, Pavesin, qu'un seul et même bois, dont il reste encore de tous côtés, surtout sur la chaîne du Pila, d'imposants vestiges.

Il ne nous sera pas plus difficile de trouver la preuve que tout ce grand bois était caractérisé par une épithète commune, dont le latin *niger* n'est qu'une imparfaite traduction.

---

(1) Bizillon est le même nom que Vizille. Le *v* s'est changé en *b*, comme dans Besançon, qui était Vesontio. C'est pourquoi on peut dire que *wez*, jadis prononcé « voès » est la véritable étymologie du mot *bois*, jadis prononcé « boès ».

Le celtique *wez* sè prononce de deux manières, tantôt, comme dans les exemples précédents, en donnant à la lettre initiale la valeur du V consonne, tantôt en donnant à cette lettre la valeur du V voyelle ou du W anglais. On peut dire *vez* ou bien *ouèz*. De cette dernière prononciation dérivent les noms d'Oisemont, en Picardie ; d'Oisseau, dans le Maine ; d'Oissel, en Normandie ; du bourg d'Oysans (1), près de Vizille, en Dauphiné. De là aussi le nom de Doisieu, qui est celui d'un bourg et en même temps celui d'une forêt voisine, sur le versant oriental de la chaîne du Pila, non loin de Pavesin et d'Avezy. Mais dans le mot Doisieu il y a un D initial ; d'où vient-il ? De la syllabe *dû* ou *duv*, qui, dans tous les dialectes celtiques, signifie également «noir» et «divin»; double

____

(1) De cette prononciation provient aussi le mot *oiseau*, habitant des bois. L'*avis* latin a certainement une origine identique ; mais la racine d'*avis*, si visible dans le *wez* celtique, manque au latin.

sens parfaitement explicable chez des peuples qui, au témoignage de César, se disaient fils de Dis ou Pluton, c'est-à-dire du dieu de la nuit éternelle et des royaumes souterrains. *Dû wez* (1) devait donc se prononcer, par contraction, *douez*, d'où le nom de Doué (2), dans l'Anjou, ville entourée de bois et de mines de houille, et probablement celui de Douay (3), en Flandre, autre ville de métal-

(1) En règle générale, dans les dialectes celtiques, l'adjectif suit le nom auquel il se rapporte ; mais cette règle est sujette à bien des exceptions. A la rigueur, *dû wez* pourrait se traduire par « bois du dieu » (ou des dieux) ; mais *dû*, pris comme adjectif, explique mieux les antiques traductions de *Seauva neiri* et de *Bois noir*.

(2) Les Romains appelaient cette ville Theodoadum. Son nom celtique devait être Douesdun (*dû wez dun*). Le *theo* grec rend bien l'idée mystique que les Celtes attachaient à *dû*, et explique comment le nom s'était défiguré dans la bouche des conquérants. Le *theo* est tombé, et le peuple n'a retenu qu'une partie du nom celtique primitif, *Doué* pour *Douesdun*.

(3) Ici, de Douezac (*dû wez ac*) les Romains avaient fait *Duacum*. Le peuple a toujours dit Douay, qui rappelle mieux le nom primitif.

lurges, également située en pays houiller. La ville de Saint-Chamond, voisine de Doisieu, porte dans les vieux titres le nom de Dou (1), ou la Noire. *Daveize* et *Deveis*, auprès de Saint-Étienne, sont donc, selon toute apparence, une altération de *dû wez :* car on pourrait bien à la rigueur traduire, en Daveize, *dâ*·par bon, agréable ; mais, dans Deveis, *de* n'a aucun sens. Ce sens incertain de *dâ wez* et le non-sens de Deveis deviennent au contraire parfaitement clairs, lorsqu'on voit à deux pas de là le *Beus nei* et la *Seauva neiri*, dont les noms sont, comme on l'a vu, l'antique et fidèle traduction du *dû wez* ou Doisieu.

Voilà donc un premier point bien établi. Les Gagats habitaient une forêt dont les débris, encore subsistants autour de leur ville, ont gardé la marque visible du nom celtique

____

(1) *Recherches historiques sur la ville de Saint-Chamond*, par Ennemond Richard.

primitif, et ce nom signifiait la forêt noire ou la forêt sacrée, lieux du reste parfaitement propices, par leur constitution géologique, aux travaux mystérieux des confréries de métallurges. La persistance de ces dénominations gauloises à Saint-Étienne et aux entours atteste évidemment le séjour continu d'une peuplade indigène.

VIII

LE CULTE DU SOLEIL.

Entre la religion des Gaulois et les autres religions de la vieille Europe, il y avait des différences théologiques, des différences dogmatiques et une différence encore plus sensible dans l'organisation du sacerdoce. Ce n'est qu'en Orient qu'on trouverait l'image d'une théocratie comparable à celle des druides et la trace plus ou moins vive de quelques-uns de leurs enseignements. Ils n'avaient donc pas

emprunté leur culte aux Romains et aux Grecs;
mais, sortis avant eux du commun berceau,
ils avaient en outre été initiés comme eux,
en des temps inconnus et excessivement lointains, aux arcanes des missions phéniciennes;
même ils avaient gardé de leur commerce
avec ces apôtres de la civilisation asiatique
une empreinte à beaucoup d'égards plus reconnaissable que n'avaient fait les Grecs. De
là les analogies parfois superficielles, parfois
plus profondes qu'apparentes, que César avait
remarquées entre les dieux des Gaulois et
ceux « des autres peuples ».

Les Gaulois, aussi bien que les Grecs,
adoraient le soleil sous plusieurs noms. Ce
culte, en lui-même aussi ancien que la famille aryenne, s'était modifié et compliqué
sous les influences étrangères qu'on vient de
rappeler.

On pourrait indiquer avec une espèce de
certitude, dans la vaste enceinte du bois sacré dont je viens de parler, plusieurs localités

où cet astre, père du feu et de la lumière, fut
honoré sous divers noms, correspondant sans
doute à la diversité de ses attributs. Mais,
pour ne pas sortir du cercle étroit que je me
suis tracé, je n'en signalerai ici que deux :
Fougerolles, à une lieue de Saint-Étienne, et
le mont Granis ou mont Grenis, dans la ville
même.

§ 1er. — Fougerolles.

Fougerolles n'est qu'à une lieue au sud-
ouest de Saint-Étienne; il y avait au xiie siècle, au sommet de cette montagne, un château
fort appartenant aux sires de Jarez. Le hameau de la Seauvaneiri est au pied de la
montagne, et s'il a gardé ce nom, qui n'est, on
s'en souvient, que la traduction de *dû wez*
(bois divin), c'est que là était en effet un
des sanctuaires du dieu Soleil.

Tout le monde sait qu'Apollon, père d'Es-
culape, passait lui-même pour médecin, en
Gaule comme en Italie. «Les Gaulois, dit

» César, ont des dieux à peu près la même
» opinion que les autres peuples ; ils croient
» qu'Apollon guérit les maladies... » (1). Or,
c'était un Apollon guérisseur qu'on adorait
à Fougerolles, mais non pas sous ce nom. Il
y avait dans le bois, sur les pentes de la montagne, des pierres druidiques dites, dans le
pays, « *pierres de Saint-Martin* ». Le dernier de ces monuments, aujourd'hui très-rares dans le Jarez, a disparu depuis peu
d'années ; mais M. de la Tour-Varan l'a vu
debout, et il était encore à cette époque l'objet d'un culte superstitieux : on y amenait de
très-loin les enfants noués ou malades pour
obtenir, au contact de la pierre miraculeuse,
leur guérison (2). La puissance du dieu s'étendait sans doute, aux temps anciens, sur d'autres infirmités et d'autres maladies que celles
des enfants : mais la foi était morte ; elle ne
vivait plus que dans le cœur obstiné des mères.

(1) *De bell. Gall.*, lib. VI, c. 17.
(2) *Châteaux et abbayes*, t. I, p. 265.

Il reste à prouver que ce dieu médecin était
le Soleil, et rien de plus facile, puisque « *Fou-
géer Héoll* » signifie en armoricain le « Glorieux Soleil ».

Le nom de Fougerolles est donc une inscription gauloise bien marquée et presque
aussi lisible qu'il y a deux mille ans.

§ 2. — Le mont Grenis.

Dans l'enceinte actuelle de la ville de
Saint-Étienne, du côté de l'orient, s'élève une
montagne à pic, d'où la vue est très-étendue
et très-belle.

Cette montagne a deux noms, un nom
vivant et un nom mort, vieux tous deux et
aussi énigmatiques l'un que l'autre.

On l'appelait primitivement le Grenis (1)
ou le Granis : pourquoi ? Le laboureur qui
gratterait ses flancs arides y perdrait ses se-

(1) Voyez tous les historiens et chroniqueurs de Saint-
Étienne.

mailles. Ce n'était point, par sa constitution et son escarpement, une montagne arable, et même en sa région inférieure , elle était encore, au moyen âge, toute couverte de bois (1). Il ne faut donc pas chercher dans le latin *granum* l'explication de Granis.

Serait-il permis de demander cette explication au mot « Grannos », un des surnoms gaulois du soleil (2) ? La tradition constante des Gagats, qui fait du soleil un des principaux dieux du bourg de Furan (3), nous y autorise, et des circonstances locales assez nombreuses viennent à l'appui de notre hypothèse.

Le soleil, en effet (nos pauvres chroniqueurs étaient bien loin de s'en douter), fut, dans la haute antiquité, un dieu métallurge.

(1) La propriété de Villebœuf (Villebeus ou Villa au bois) est située au penchant sud-ouest de cette montagne, dans sa partie la mieux exposée et la plus fertile.

(2) Inscriptions gallo-romaines, Orelli, Gruter, etc.

(3) Peuple et chroniqueurs sont unanimes sur ce point.

Il passait, en certains pays, pour être, sous le nom d'Apollon, le père des Curètes et des Corybantes (1). Les Pélasges, dans leur culte, l'associaient aux Cabires (2). On l'a quelquefois confondu avec Héphaestos ou Vulcain (3), et Homère lui donne l'épithète de Chrysaor, qui est le nom même qu'Hésiode, dans la légende de Persée, attribue au dieu forge-tonnerre. Orthographié à la grecque, ce nom signifie épée d'or ; mais Chrysaor était un dieu phénicien (4), dont le nom, suivant Bochart, signifiait quelque chose comme feu en travail ou travailleur du feu, forgeron. On entrevoit, dans tous les cas, la parenté lointaine d'Apollon avec les divinités métallurges ; Vulcain n'est que la personnifi-

(1) *Les métaux dans l'antiquité. Origines religieuses de la métallurgie*, par Rossignol, de l'Institut, p. 80. Cette tradition a été recueillie par Tzetzez.

(2) Denys d'Halicarnasse, liv. I. — *Hist. des religions de la Grèce antique*, par Maury, t. I, p. 144.

(3) Emeric David, *Vulcain*.

(4) Sanchoniathon, dans Eusèbe.

cation tardive d'un des attributs du feu, auparavant concentrés et adorés en un même foyer, le soleil. Les disciples d'Hermès, antérieurs au moyen âge, n'en avaient pas entièrement perdu la mémoire : l'or, le plus précieux des métaux, et le charbon, instrument du grand œuvre, étaient, dans leurs mystères, consacrés au soleil (1). ›

De ces considérations générales, qui prêtent à la légende des Gagats un caractère neuf et tout particulier de vraisemblance, passons à l'examen des circonstances spéciales qui nous portent à voir dans le mont Grenis le temple même du dieu Grannos.

I. Le bois Daveize. — Le petit bois de chênes, dont le nom primitif, *Du wez*, signifie, comme on l'a déjà vu, « bois divin », a ses racines sur un banc de gague ou charbon fossile qui, en certains endroits, affleure le sol.

(1) Manuscrit grec n° 2250 de la bibliothèque Richelieu.— *Histoire de la chimie*, par F. Hœfer, t. I, p. 248.

Il est situé à quelques minutes à l'est du
Grenis, sur un des coteaux qui s'y rattachent
par des ondulations insensibles.

II. CHANTE-GRILLET. — Sur le flanc sep-
tentrionnal du Grenis s'élève un autre reste
de l'ancienne forêt sacrée. On l'a, au dernier
siècle, entouré de murs ; on y a bâti un château avec terrasses et jardins. C'est là qu'est
aujourd'hui installée l'école des mineurs de
Saint-Étienne. Le lieu se nomme Chante-
Grillet, c'est-à-dire, comme je vais essayer
de le démontrer, Chante-Feu ou Chante-
Soleil.

Je n'ignore pas, sans doute, que *grillet*
est, à Saint-Étienne, le nom du grillon domestique et du grillon champêtre ; mais le
grillon champêtre ne se plaît guère dans les
bois et sur les pentes exposées en plein à la
bise ; cet insecte frileux, très-commun d'ailleurs dans nos vallées, est relativement très-
rare dans le lieu étroit dont nous parlons ;

ce n'est donc pas au chant du cricri que ce lieu emprunte son nom. Mais le mot grillet ou grillon signifie par lui-même, ainsi qu'on le verra tout à l'heure, feu et soleil, ce qui me porte à croire que, dans l'antiquité, cet insecte, amoureux de l'été et de l'âtre brûlant, avait été ainsi baptisé, parce qu'il était lui-même consacré au dieu, père du feu. Dans le fait, il jouit encore en Europe, surtout dans les villages, des priviléges dont la superstition environnait les animaux sacrés : c'est le génie du foyer et du champ de blé ; le tuer, dit-on, porterait malheur. Le latin *gryllus* et le grec γρυλλος, qui signifient grillon, sont des mots étrangers au grec et au latin, ou du moins les racines et attaches qu'ils ont pu, d'origine, avoir dans ces langues, y ont de bonne heure péri ; tandis que ce mot, forme et sens, a conservé, dans les dialectes celtiques, et, par eux, dans le français même, une nombreuse parenté.

« Grian », en Irlande, signifie soleil, et ce

doit être là le nom gaulois primitif, dont
« grannos » n'était sans doute qu'une forme
intensitive (1). En effet, les Gallois disent
« greian »; ce mot, chez eux, ne désigne
plus le soleil; mais il désigne le feu. En Armorique, au contraire, « grian » s'est éteint
sous sa forme nominative, mais y subsiste
en un dérivé servant de qualificatif, « grias »,
qui signifie brûlant, ardent. Les bas Bretons ont, en outre, « gri » (2) avec le double
sens de gril et de grillon.

Le français est plus riche encore (à ma

(1) « Granni », en teuton, veut dire chevelure. « Grannos », et cette ingénieuse conjecture appartient à M. Roget
de Belloguet, signifiait peut-être le soleil entouré de ses
rayons ou de sa crinière de feu. Le dieu, sous cette
forme, répondait à l'Apollon chevelu des Grecs.

(2) On pourrait peut-être décomposer « grian » en *gri*,
feu, et *an* (plus anciennement *ion*), dieu : *gri ion*, dieu du
feu. — *Ion* a d'ailleurs conservé, en Irlande, la double
signification de dieu et de soleil. — « Gri ion » se serait,
dans l'île d'Érin, transformé en « grian ». Le français
grillon serait par conséquent plus près de l'antique « gri
ion », et notre mot *gril* (prononcez *gri*) conserverait, à
peu près dans sa pureté primitive, le sens de feu.

connaissance du moins) en dérivés de « grian »,
feu, soleil. Il a *gril*, *griller*, *grillon* (avec les
ll mouillées, lettres parasites qui n'empê-
chent qu'on ne prononce, comme le peuple :
gri, *griier*, *griion* (1). Il a, de plus, *briller*,
qui n'est ni grec, ni latin, ni allemand.
Changez, selon la loi celte des mutes, l'initiale *g* en *b*, et le mot « griier », action du
feu, vous donne « briier », éclat du feu. Ce
n'est pas tout : le français a *gris*, en latin
cinereus, c'est-à-dire couleur de la cendre
du foyer. Ce *gris* rappelle, pour la forme,
mais avec un sens détourné, le « grias » armoricain, équivalent de brûlant, ardent. De
là évidemment l'inexplicable mot français *se
griser*, s'enivrer, c'est-à-dire avoir, après
boire, la tête *chaude*, les joues *allumées*, et,
comme dit le peuple, *un coup de soleil.*

Enfin, le patois des Gagats a le mot *grisou*,
dont la racine est exactement la même ; c'est,

(1) C'est ainsi, comme on l'a vu, que *gaïac* et *gaïète*
sont devenus *gaillac*, *gaillette*, *gaillard*.

sans ombre de doute, le celtique « grias »,
ardent, brûlant. Le *grisou*, c'est le feu souterrain, effroi de nos mineurs, qui résulte
de l'inflammation des gaz détonants parfois
accumulés au fond des houillères (1).

On voit, par ces exemples, que « grian »
(feu, soleil) a laissé, dans toutes les langues
des peuples d'origine celtique, même dans le
français, et en particulier dans le patois des
Gagats, de nombreux et incontestables vestiges. Or, «grian», selon l'illustre grammai-
rien Zeuss, avait pour génitif « grene », ce
qui nous donne mont Grenis, comme « grannos » nous donne mont Granis.

Quant à Chante-Grillet, *cant* étant un mot

(1) Je n'ai pas épuisé la liste des dérivés de *gag* dans
la nomenclature topographique des Gaules ; je ne veux pas
épuiser ici celle des dérivés de *grian*. Le français nous
donnerait encore *graillon*, chair brûlée, calcinée ; le patois
gagat, *grasilloun*, charbon ardent, identique avec le français
braise, *brasier*, lequel provient, comme *briller*, du même
radical, par la permutation du *g* en *b*. J'ai sous la main d'autres exemples ; mais ce qui a été dit suffit à notre thèse.

à la fois celtique et latin, et *grillet* ou *griet*
un mot purement celtique, dérivé de « grian »
et ayant le même sens, n'est-on pas autorisé
à en conclure que ce nom composé signifie
Chante-Grian, c'est-à-dire Chante-Feu ou
Chante-Soleil? Je ne tranche pas la question :
je la pose.

III. LE VALLON DU SOLEIL. — Au pied du mont
Grenis, vers le nord-est, se déroule un vallon
houiller, de tout temps habité par une tribu
de mineurs. C'est le vallon du « Soleil ». Il
forme une commune. Le bourg du Soleil, s'il
m'en souvient, est sur le coteau occidental.
Ce n'était, en mon enfance, qu'un obscur
village. Son nom, jadis écrit Solier (en patois
soulé), figure dans les plus anciens titres de la
baronnie de Saint-Priest et de la commune
de Saint-Étienne.

IV. LA TOUR EN JABEZ. — Un peu plus
loin, au nord-ouest du Soleil, on voit, sur son
rocher blanc et verdoyant, l'antique village

de la Tour en Jarez, peuplé de forgerons.
On y exploite à sa base, proche de Bardon-
nanche, des mines de fer. Un de nos amis,
M. Testenoire-la-Fayette, a récemment découvert, aux environs, sur une sienne terre,
quelques débris d'antiquités romaines.

Le village de la Tour, qui était déjà forti-
fié en 1173, n'a plus de tour aujourd'hui ;
mais au XVIIe siècle, son château en avait
plusieurs. Or, sur la maîtresse tour, la plus
haute et sans doute la plus vieille, se dressait
un monument bizarre, à présent détruit, qui,
dans l'opinion des savants de ce temps-là,
devait se rattacher au culte héliaque (1).
C'était, dit-on, une pyramide quadrangulaire
en pierre noire ayant sur chacune de ses
faces une image du soleil rayonnant, et per-
cée au sommet d'un trou assez profond pour
qu'on pût y planter, en l'honneur du dieu,

(1) J. F. M. de La Mure, *Hist. du Forez.* — Duplessy,
Essai statistique sur le départ. de la Loire. — Aug. Bernard, *Description du pays des Ségusiaves.*

une torche flambante, comme on allume un cierge devant l'image. d'un saint. Une espèce d'enduit résineux, qui recouvrait toute la pierre, donne à penser qu'elle avait, en effet, servi à cet usage.

Ce soleil rayonnant figurait sans. doute l'Apollo-Grannos des inscriptions gallo-romaines, Grannos étant, suivant les inductions de M. Roget de Belloguet, une sorte d'Apollon chevelu (1).

Le mont Grenis est situé à une petite lieue au sud· de la Tour, et le vallon du Soleil est à peu près à mi-chemin de la Tour et du mont Grenis.

IX

LES EURISES.

Au pied occidental du Grenis, sur un ruisseau qui, dit-on, charriait autrefois des pail-

(1) Voyez, page 43, note 1.

lettes d'or (1), est un hameau de forgerons. Ce hameau, appelé l'Eurton, fait depuis long-temps corps avec la ville ; mais, au XVIᵉ siècle encore, il en était séparé, au midi, par des restes de l'ancienne forêt (2) ; au nord et au couchant, par des prairies.

Je voudrais expliquer le nom de ce quartier ; j'irai peut-être un peu loin chercher la lumière ; mais qu'importe, si je la trouve ?

I. Les Naïtes parisiens. — Tout le monde connaît les fameuses pierres trouvées, en 1711, sous les fondations du chœur de Notre-Dame de Paris. Neuf blocs de forme cubique, chargés de bas-reliefs et d'inscriptions, les unes très-lisibles, les autres à demi ou complétement effacées. Une inscription parfaitement lisible nous apprend que ce sont là les restes d'un autel élevé à Jupiter, sous le

(1) Marcellin Allard, *Gazette française*. Papire Masson, *Flumina Galliæ*.

(2) La rue qui mène de l'hospice de la Charité à l'Eurton s'appelle encore la rue du Bois.

règne de Tibère, par les Nautes parisiens. Qu'étaient-ce que ces Nautes ? A prendre le mot au pied de la lettre, c'étaient les bateliers de la Seine ; en réalité, c'était la communauté de Lutèce. Les principaux échanges se faisant alors par fleuves et rivières, «naute» avait, dans nos ports, le sens général de « négociant », lequel impliquait presque toujours celui de fabricant. Les « *nautœ pa- risiaci* » de l'inscription ne sont autres que les « *mercatores aquœ parisiaci* » des temps postérieurs. Or, ces « *mercatores aquœ* » formaient, à Paris, sous les rois barbares, une grande confrérie embrassant tous les corps de métiers (1). Avant le xiie siècle, la confrérie vivait, en quelque sorte, dans l'Église plutôt que dans l'État; c'était une association, non de citoyens, mais de fidèles, s'assemblant pour prier, et ne s'occupant qu'à l'ombre de l'autel des choses d'ici-bas. Elle avait

(1) Lebeuf, *Hist. de la ville et du diocèse de Paris.*

si peu les caractères d'une institution civile
que son chef, quoique laïque, portait le titre
d'abbé (1).

Il n'en était pas tout à fait de même sous
Tibère : exclusivement religieuse avant la
conquête, la confrérie parisienne avait passé,
mais depuis peu, sous la tutelle impériale,
gardant à cela près son caractère originel.
Le druidisme n'était point, comme on le suppose, entièrement aboli (2) ; mais ceux des
druides qui continuaient à diriger officiellement certaines corporations, reconnaissaient
César pour souverain pontife et associaient
ses dieux à ceux de la patrie.

C'est avec cet ensemble de notions qu'il
faut s'approcher du monument de Notre-
Dame : tout incomplet qu'il soit et tout en-
dommagés qu'en soient les restes, il devient
alors plus instructif.

(1) Dulaure, t. II.
(2) Je reviendrai sur ce sujet au chapitre suivant.

II. Idée générale du monument. — Ce monument avait été érigé par la confrérie des nautes ou marchands de Lutèce. Les quinze bas-reliefs plus ou moins frustes qu'on en a retrouvés, représentent les uns des dieux, les autres des hommes.

Si l'on met à part Jovis ou Jupiter, à qui l'autel est « publiquement » dédié, comme au maître des dieux de l'empire, et peut-être aussi Esus, qui était lui-même le maître et la terreur de l'Olympe gaulois, je crois qu'on peut considérer les autres dieux, c'est-à-dire Castor [et Pollux (1)]; Kernunnos, espèce de faune aux cornes d'élan, à chacune desquelles pend un anneau; Tarvus Trigaranus (le taureau aux trois grues); Volcanus et peut-être aussi Sévirios (2), comme les dieux pro-

____

(1) Le nom de Pollux est effacé, mais se devine ; point de doute là-dessus.

(2) Sé...vi...ri...os, nom mutilé, presque illisible. Il y a doute si c'est le nom d'un homme ou celui d'un dieu. Le bas-relief nous montre un personnage nu, à mi-corps,

lecteurs de la confrérie, comme autant de patrons des divers métiers alors exercés dans l'île. Je n'ai pas à rechercher quelle était la profession qui invoquait le taureau Trigaran, ni celle qui s'honorait d'avoir pour patron Kernunnos. Mais Castor et Pollux, d'une part, et Volcanus avec ses tenailles et son marteau, d'autre part, sont des divinités parfaitement connues, et ayant des attributions fort distinctes. Les Dioscures ou frères jumeaux, sortis ensemble du même œuf, Castor et Pollux étaient, à la vérité, souvent confondus, dans l'ancienne Grèce, avec les Cabires, les Curètes et les Corybantes (1) ; mais ils avaient parmi les divinités métallurges une fonction spéciale, qui consistait à protéger les navigateurs. Quant à Volcanus, point de doute : il ne présidait ni aux voyages par terre ou par

les yeux fixés sur un serpent qui se dresse devant lui. Il tient dans sa droite une espèce de thyrse dont il menace le serpent.

(1) Rossignol, *Hist. des métaux dans l'antiquité*.

eau, ni à aucune espèce de trafic ; c'était par
excellence un dieu producteur, un dieu artisan, le dieu des métallurges. La seule image
de ce dieu dans la chapelle des nautes ou
marchands parisiens suffirait à prouver qu'il
y avait dans la confrérie des ouvriers en métaux.

Quant aux hommes qui sont représentés
sur quelques bas-reliefs, et que l'on prend
tantôt pour des rameurs, tantôt pour des
guerriers, ce sont des druides de l'ordre des
Ovates, c'est-à-dire les chefs de la confrérie.
Ce fait, du reste, a déjà été entrevu, au moins
pour un de ces bas-reliefs.

Sur un des côtés du bloc où est gravée la
la dédicace du temple, on voit trois personnages : deux de face, mais la face détruite ;
un de profil, avec une couronne de feuilles et
le bas du visage emporté. Ce médaillon a
pour légende : Senani, suivi d'un autre mot
qui ressemble à Veilo. Un des plus péné-
trants philologues et archéologues celtistes,

M. de Belloguet, n'hésite pas à reconnaître en
ces trois personnages « le conseil des nautes »,
le « sénat » de Lutèce. Il compare en outre
Senani à « Semnothei », nom qu'Aristote
donne aux druides, et établit par des rappro-
chements nombreux (sans oser conclure toutefois), que Senani a été synonyme de prêtre (1).
Un autre philologue, très-instruit et très-
ingénieux, M. Monin, ayant à son tour exa-
miné ce bas-relief : « Tout, dit-il, indique des
druides (2). »

Je le crois. C'est là, en effet, à mon avis,
le grand conseil de la confrérie des nautes
ou marchands parisiens, et ce conseil est
composé de druides.

Je crois, en outre, que le monument, s'il
était entier, nous ferait voir les principaux
corps d'état de Lutèce ainsi représentés chacun par les prêtres qui le dirigent, de même

(1) *Glossaire gaulois*, art. SEMNOTHEI et art. SENANI.
(2) *Monuments des anciens idiomes de la Gaule*, art.
PARISII.

qu'ils sont aussi représentés sur quelques pierres par leurs divins patrons.

Le bas-relief des Eurises, bien conservé, va, je l'espère, fortifier cette conjecture.

III. EVRISES. — Voici trois hommes barbus, pique en main, bouclier au bras; l'un d'eux porte en outre sous le bras droit un vaste cerceau. Ce sont là, dit-on, des guerriers. Oui, au premier coup d'œil. Mais examinez-les de près et avec réflexion : ne seraient-ce pas plutôt des ovates métallurges, des maîtres forgerons, les ministres de ce Volcanus dont nous avons déjà vu et expliqué l'image? Curètes et Corybantes étaient représentés armés, et l'on sait que le druide Divitiac parut devant le sénat romain appuyé sur son bouclier (1), et plus tard prit une part active à l'expédition de César chez les Belges (2). Ce qui donne aux personnages du

(1) Eumène, *Panégyrique de Constantin.*
(2) *De bell. Gall.*, lib. II, c. 5, 10.

bas-relief l'air sacerdotal, c'est qu'ils ont toute leur barbe et pour coiffure une espèce de tortil ou de turban. Les guerriers portaient le casque et de longues moustaches (1).

S'il y avait là-dessus quelque doute, la légende l'éclaircirait. Elle porte : EVRISES, mot gaulois latinisé, mais parfaitement reconnaissable, puisque les Gallois, encore aujourd'hui, appellent « eurich » un orfévré et généralement tous les ouvriers en métaux. Le vocabulaire breton du IXe siècle, de la bibliothèque Cotonnienne, porte « eure », avec la même signification. La légende populaire de saint Éloi, qui, de son vivant, avait été orfévre, ne se trompe donc pas en le faisant aussi forgeron ; on voit que le même nom « eure » s'appliquait à toute la famille des métallurges.

Allons plus loin.

« Eur », radical « d'eure, eurich, eurydd »,

<hr>

(1) Strab. IV. — Diod. Sic. V.

a un sens en armoricain. Ce mot y signifie charme, sort, chance, aventure imprévue, mystérieuse, sans cause appréciable, coup du destin. De là le vieux mot français « heur », qui ne subsiste plus que dans les composés «bonheur, malheur », et dans l'adjectif «heureux», presque identique, fond et forme, à l'armoricain « euruz ». Le sens de ce radical achève de nous dévoiler le sens primitif du nom d'«eurich» ou « euris (1) », donné aux métallurges.

Ils étaient druides de l'ordre des devins, et leur art tenait de la magie; le cerceau que tient dans sa droite un des prétendus guerriers du bas-relief, n'a jamais été, en aucun pays, une arme offensive ou défensive; mais c'était un des symboles de la magie et des enchantements, et cela est si vrai que sorcier,

(1) « Eiris », qui paraît un mot de la même famille, veut dire, en Irlande, *ami, confrère, allié,* ce qui rappellerait l'union fraternelle qui régnait entre les membres des anciennes corporations d'*Eurises.*

en armoricain, se dit toujours « kelc'hier »,
c'est-à-dire faiseur de cercles (1).

Les « Eurises » étaient donc des « kelc'hier »
ou prêtres magiciens, spécialement voués au
culte de Volcanus.

(1) Le cercle symbolisait aussi l'univers, la vie, le ciel,
l'enfer, l'infini, l'éternel, le mystérieux, c'est-à-dire les
plus hautes perceptions du sentiment religieux. C'est pourquoi les lieux voués au culte étaient consacrés par un
cercle de pierres ou un cercle d'arbres. « Kelc'h » ou
« kerk » signifiait temple. De là, en France, les noms
gaulois de Carcassonne, Carquefou, Dunkerke, etc. « Kerke »
a conservé, dans les Pays-Bas, le sens d'église. Le vieux
Latium, qui a « circus » et tous ses dérivés profanes, avait
laissé sa forme archaïque, voisine du celte et du germain,
au nom du chêne, arbre sacré, dieu et temple à la fois ;
Rome continua à l'appeler « quercus », le cercle, c'est-à-
dire, dans l'ancienne langue hiératique, l'image de l'Infini
ou de Dieu. — On retrouve aussi l'idée de cercle dans le
nom grec des Cyclopes, les divins forgerons de Lemnos,
qui étaient sans doute, à l'origine, « Kelc'hiers », ou
prêtres magiciens, comme les Curètes et comme nos « Eu-
rites ». — Opis est un des anciens noms de la lune. Les
premiers Cyclopes étaient-ils prêtres d'Opis ? — Et si Opis
signifie œil, le nom de Cyclope ne présente-t-il pas aussi
l'image de la lune dans l'espace, semblable à un œil au
milieu d'un cercle ?

IV. L'Eurton ou l'Heurton. — Nous pouvons, avec ces données, revenir au pied du mont Grenis, dans le hameau dont j'ai parlé.

Point de doute, à mon avis, sur la signification de la première syllabe du nom de ce hameau : «eur» ou «heur», de quelque façon qu'on l'écrive (1), doit se traduire ici, comme

(1) La lettre *h* est ici une addition parasite qui disparaît dans la prononciation. C'est ainsi que l'armoricain « eur » était devenu, dans le vieux français, « heur », les grammairiens et copistes du moyen âge ayant voulu, selon leur habitude, rattacher ce vieux mot d'une langue qu'ils n'entendaient plus à quelque mot latin, seule langue qu'ils entendissent. Ils ont donc rattaché « eur » (chance, hasard, fortune) à « hora » (heure). — A Saint-Étienne, on aura voulu rattacher « Eurton » au mot *heurt, heurter*, à cause du bruit des marteaux toujours retentissants dans ce vieux quartier. Mais « heurt », choc, est étranger à notre patois. Dans ce mot, d'ailleurs, la lettre *h* est fortement aspirée, et ne l'est point dans « Heurton ». Enfin, ce nom, si l'on y voyait un synonyme de bruyant, eût convenu à tous les quartiers de la ville et à tous les hameaux d'alentour, aussi bien qu'à celui-là. En faire un dérivé d'*hortus*, jardin, me semble, vu les lieux, une hypothèse complétement invraisemblable.

dans le bas-relief, par prêtre métallurge. Quant à la syllabe « ton », elle a dans les dialectes celtiques le sens général de montagne, élévation, profondeur ; elle a aussi, par extension, le sens de forteresse et de ville forte ; elle s'emploie enfin comme qualificatif, et signifie alors, tant au propre qu'au figuré, profond, élevé, supérieur en pouvoir ou en habileté (1). « Eur-ton » pourrait donc signifier *mont des forgerons* ou *forteresse, ville des forgerons*, ou bien *maîtres forgerons*. C'est vers ce dernier sens que j'incline, et je considère notre vieux hameau comme ayant été l'atelier ou la résidence des Eurises, chefs de la confrérie des Gagats.

(1) L'épopée burlesque de Marcellin Allard, intitulée *Gazette française*, roule tout entière sur la prise du « château » ou « forteresse » de l'Heurton. Il n'y avait, au XVIᵉ siècle, en ce lieu, ni forteresse ni château. Mais il serait bien possible que le hameau eût été, dans l'antiquité, plus ou moins clos, palissadé, défendu, et que quelque obscure tradition de ce genre eût fourni au malin Gagat l'idée de son château fantastique.

V. Traces visibles du celtique « eure »
dans les patois français, avec le sens de
métallurge. — Je ne doute pas que le mot
français *ouvrier* ne vienne, en sa forme
actuelle, du latin *operator*, et, par abréviation, *operor*. *Ovrie*, en patois gagat, serait
encore plus près, par son initiale « *ov* », du
radical latin. Mais il est facile de prouver
qu'il s'en est rapproché, par l'intermédiaire
du français, dans l'avant-dernier siècle seulement. Auparavant ouvrier se disait *orou*,
et œuvre se disait *ora*.

Au sud de la ville, près du vieux hameau
des Forges, dans ces « campagnes grangelo-
riennes » dont parle Marcellin Allard, existe
encore le vieux hameau de « la Grangi de
l'*Ora* », dit en français Grange de-l'OEuvre.
Cette absence de la lettre radicale *p*, soit
sous forme de *b*, soit sous forme de *v*, dans
ora et *orou*, nous apprend à nous défier un
peu des étymologies latines (1).

(1) Manouvrier se dit encore, en patois, *manôrou*.

En voici, du reste, pour le même mot, un autre exemple, et celui-ci me semble décisif.

A Saint-Étienne comme en Auvergne, on appelle le chaudronnier « perorou ». Quoi de plus raisonnable, en apparence, que de tirer ce mot d'*operor* ?

Malheureusement « per », en vieux celtique, signifie chaudron (1), et ce mot avait passé en plusieurs dialectes romans, sous la forme de *pérol* (2). *Orou*, par conséquent, mis après « per », et servant à désigner l'artisan en chaudrons, n'est visiblement qu'une forme d'*eure*.

(1) *Dict. bret. du IXe siècle :* « *Per*, bassin ». Aurélien de Courson, *Essai sur l'histoire, la langue et les institutions de la Bretagne armoricaine.* — « Peredur » est un des héros du cycle épique de la Table ronde, un de ceux qui vont à la recherche du Saint-Graal ou bassin magique. (Voir La Villemarqué, *Contes populaires des anciens Bretons.*) Le nom de ce personnage signifie, en effet, « chercheur du bassin » ou du chaudron. (Maury, *les Fées*, p. 62.)

(2) Voy. Raynouard, *pairol* ; — Ducange, *peirol, peirola*.

La conclusion à tirer de ceci, c'est que « eure » eut longtemps, chez les Gagats, comme en Auvergne et à Lutèce, le sens de métallurge qu'il a conservé en Armorique et chez les Bretons insulaires. « Perorou » en est, à mon avis, la preuve irrésistible (1).

VI. *Singulière homonymie.* — Il est, du reste, assez curieux de retrouver dans la mythologie grecque un forgeron divin dont le nom n'est pas sans une étrange affinité avec celui que nous étudions. C'est Erychtonios ou Erychton. Il était fils d'Hé-

(1) On a dû dire *percure* avant de dire *perorou*, et *eure*, ouvrier, avant de dire *orou*. La transformation d'*eure* en *orou* s'est produite sous l'influence latine. Les lettrés disaient sans doute *operator*; les demi-lettrés se contentaient d'un à peu près et disaient *operor, oberor, overor,* qu'on prononçait généralement *operô, oberô;* les ignorants, retrouvant en ce mot l'idée d'*eure*, escamotèrent le *p* et dirent *ôrou*, par une espèce de compromis entre leur langue maternelle et la langue nouvelle. J'ai entendu de vieux Gagats dire *lous ôries* (les ouvriers).

phaestos (le Soleil, le Feu, Vulcain). On lui attribue l'invention des chars et celle de la charrue, et l'on suppose qu'il régnait à Athènes environ seize cents ans avant notre ère.

La légende grecque nous montre, deux siècles plus tard, un autre Erychton, espèce de magicien, moitié dragon et moitié homme, qui institua, dit-on, les Panathénées.

On est, malgré soi, tenté de croire que ces deux personnages, vu leur nom, vu aussi leur double caractère de métallurge et de prêtre magicien, sont proches parents des « Eurises » du bas-relief de Paris, des « Eurych » du pays de Galles, et, le dirai-je? des « Eurton (ou Eurychton ?) » du pays des Gagats.

X

LA CROIX-COURÈTE.

S'il fallait, à l'appui de ces conjectures, une preuve nouvelle, on la trouverait dans le sobriquet populaire qui, à la longue, a fini par se substituer au nom primitif de la montagne qui domine l'Eurton. Le mont Grenis est, de temps immémorial, devenu la Croix-Courète.

Ce sobriquet doit remonter aux missions chrétiennes des IVe, V[e] et VIe siècles.

En effet, avant le IVe siècle, aucun lieu, dans la Gaule, ne pouvait être appelé mont de la Croix, les emblèmes de la religion nouvelle étant alors proscrits.

Après le VIe siècle, on ne saurait douter que le pays avait déjà reçu la première préparation évangélique; mais alors commençait à se former la langue romane, qui ne renferme, en son vocabulaire, aucun élément propre à expliquer le mot « courète ».

Essayons donc d'expliquer l'origine de ce sobriquet du mont Grenis.

I. Premières missions chrétiennes. — Au temps de l'Église naissante, le clergé était rare ; il n'y avait pas, en chaque bourg, une église et un presbytère. Un chorévêque et souvent un simple prêtre, aidé de quelques diacres, administrait tout un pagus. Cela se passait comme en Chine et dans les pays de mission, à cela près que, depuis Constantin, les missionnaires furent à l'abri des persécutions légales. Du reste, ils ne quittaient guère que pour dormir leur bâton de voyage et leurs sandales.

Dans les villes et bourgs de la Gaule où avait prospéré la civilisation étrangère, il y avait toujours quelque temple que la population ou les magistrats leur abandonnaient, pour y célébrer leurs mystères. Mais, dans

les localités peut-être plus nombreuses où,
sous l'influence de causes fort diverses,
s'étaient conservées, à l'ombre des bois, les
coutumes de la Gaule et quelques restes
vivaces de l'ancien culte national, point de
sanctuaire fermé ; c'était à ciel ouvert qu'on
adorait les dieux.

II. Des restes du druidisme sous l'empire
romain. — Ce n'est pas, en effet, la religion
des Gaulois, c'est leur antique et puissant
sacerdoce que l'empire romain avait détruit,
et non pas l'ordre tout entier, mais sa constitution formidable et ses priviléges. Tibère
et Claude n'avaient persécuté et proscrit que
les princes des prêtres, les druides de la première classe, ceux qui excommuniaient les
rois, jugeaient les peuples et voulaient par-
tager avec César l'autorité suprême.

Les ministres d'un rang inférieur, bardes
et ovates, furent généralement épargnés,
témoin le bas-relief de Paris, qui date du

règne de Tibère, et où figurent, comme on l'a vu, les Eurises ou Ovates métallurges ; témoin Tacite, qui nous montre les druides conspirant avec Vindex, et cherchant à soulever contre Néron, le successeur de Claude, les paysans gaulois ; témoin le barde Phœbitius, prêtre de Belen (1), et ami du poëte Ausone, au temps de Gratien.

Le druidisme, en tant que religion, n'était donc point aboli ; en tant que sacerdoce, il était décapité et désorganisé, n'ayant plus, pour rendre ma pensée sensible, ni pape, ni évêques, ni conciles, ni séminaires, mais vivant encore dans ses ministres inférieurs ; ayant dans les campagnes et jusque dans les villes son bas clergé dispersé, sans unité, sans lien, sans immunités légales, très-

(1) Il était de Bayeux et issu de caste druidique. Il devait son titre sacerdotal, « belek », prêtre de Belen ou du soleil, et son nom de famille « Phœbitius », au dieu qu'il servait : « *inde vobis nomina* », lui dit Ausone. On voit par là que la harpe était héréditaire en Gaule, comme en Irlande, en Écosse et en Galles.

pauvre et de plus en plus ignorant : méde-
cins empiriques, dont les remèdes ne gué-
rissaient qu'avec le secours de paroles et de
cérémonies bizarres (1) ; devins, sorciers,
enchanteurs, fées ; conteurs crédules ; confréries d'artisans non reconnues par l'État,
et dont l'industrie, jadis progressive, allait
dégénérant de plus en plus en superstition
et en routine. Tout cela néanmoins ne manquait pas de ce genre de poésie propre aux
religions mourantes, et il s'y mêlait, avec
les grâces de l'imagination, un certain sentiment patriotique qui l'embellissait encore.

III. Suite des missions chrétiennes. —
Partout où vivait ce vieil esprit, les voyageurs apostoliques prêchaient en plein air,
et au bout d'un certain temps, quand ils
avaient enfin persuadé à la multitude que
ses divinités n'étaient que des démons, ils
consacraient au vrai Dieu le rocher, la source,

(1) Voir les *Formules* de Marcellus, de Bordeaux.

le carrefour de la forêt, le cercle de pierres, le plateau de la montagne, jusque-là témoins d'autres sacrifices. Ils plantaient ensuite une croix dans le lieu purifié, afin d'en écarter, après leur départ, les mauvais esprits.

IV. Comment le mont Grenis a été, d'abord, appelé le mont de la Croix. — C'est ainsi que, chez les Gagats, le mont Grenis, ayant été, à la suite d'une mission, surmonté d'une croix, commença à s'appeler vulgairement le mont de la Croix.

Quant au nom de « Courète » qui y fut ajouté, il se rapporte visiblement, soit aux Eurises ou prêtres païens de la bourgade, soit aux génies métallurges qui, nonobstant les exorcismes, durent hanter longtemps encore le mont Grenis.

V. Des Courètes. — Courète n'était, non plus que Gagat, un mot d'origine hellénique ; il n'était pas plus latin que grec ; il n'en est pas de plus répandu dans le vieil Orient et le vieil Occident. La Rhétie, mère des Étrusques, très-riche en mines métalliques, avait pour capitale « Cur » ; en latin, « Curia » ; aujourd'hui « Coire » en français ; en allemand, « Chür ». Les Sabins, ces aînés des Romains, appelaient « Cur » le dieu du fer, représenté par une pique, et « Cur » (en latin « Curia » (1) ; en italien « Correza » ; en français « Cures ») était le nom de leur principale ville.

La Phrygie et la Phénicie connaissaient, avant les Grecs, les Courètes et leurs frères aînés les Corybantes. Tous ces vieux forgerons, transfigurés en dieux ou génies protecteurs de la métallurgie, avaient, disait-on, la taille naine, et suivant Hérodote, Vulcain lui-même avait pris en Égypte, dans le

____

(1) De là, comme on sait, le nom de Quirites donné aux Sabins, et plus tard, après la fusion des deux peuples, à tous les citoyens de Rome. De là aussi le surnom de « Quirinus » donné à Romulus après son apothéose.

temple de Memphis, l'aspect risible d'un
« pygmée » (1).

Or, dans tous les dialectes celtiques, *kor*
signifie nain, et dans toutes les légendes
celtiques (2), les nains, ou *Kors*, passent
pour experts forgerons (3), ayant, dans leurs
retraites cachées, fourneaux, enclumes et
marteaux. Les bardes cambriens du VIe siècle
parlent d'une déesse Koridgwen qui com-
posait un breuvage magique dont une seule
goutte infusait la science universelle dans
l'âme du buveur ; breuvage contenu dans
un vase que M. de La Villemarqué compare,
avec raison, à la coupe mystique des Curètes.
Gwion ou l'Esprit, un des serviteurs de la
déesse, surnommé par les bardes « le nain
à la bourse », rappelle à la fois par ses attri-

(1) Hérodote, lib. III, c. 37.

(2) Th. de La Villemarqué, *Barzas-Breiz*, Introduction,
p. L.

(3) Il y avait même toute une tribu de nains qu'on appelait « Gobilins » ou « Gobelins », du celtique *gof* ou
gob, qui signifie forgeron.

buts et son rôle le Thoth égyptien, le nain
Gigon (1) des Phéniciens, le nain Tagès des
Étrusques. C'est le « Korig » ou petit nain
de l'inscription lyonnaise, patron des marchands qui naviguaient sur le Rhône et la
Saône. La Corrèze (Curretia) traverse un
pays houiller, où abondent le fer, le plomb
et le cuivre, et dont les anciens habitants,
les Lemovices, habiles métallurges, passent
pour avoir inventé l'émaillerie. Ils avaient
un bourg appelé Curretia, aujourd'hui Corrèze (2). Les Corisopites du Finistère et des
Côtes-du-Nord habitaient aussi une contrée
houillère et métallifère. Le plomb et le fer

(1) Hercule Gigon. — C'est le prototype de cet Hercule
gaulois dont parle Lucien, lequel était brun, court et
trapu ; c'était bien là cet Hercule de Tyr qui, selon Dio-
dore de Sicile, fonda Alesia. Les Gaulois l'adoraient sous
le nom d'Ogmios, et il semble avoir été sous ce nom le
dieu symbolique du druidisme. Les Ségusiaves l'appelaient
Arus. Il semble, comme le remarque M. Alfred Maury,
que Gwion ait été aussi un de ses noms.

(2) Ils en avaient même deux. Outre le bourg de Corrèze
encore existant, dans le voisinage de Tulle, ils avaient

s'exploitent encore dans le pays des Curiosolites, et la houille, le cuivre, le plomb, le fer, dans le pays des Petrocores (le Périgord).

Il serait facile de trouver en France quantité d'autres traces du nom et du culte des Kors, Corètes ou Curètes, considérés comme dieux ou génies métallurges. Mais déjà le fait que je voulais établir me semble mis, par tant d'exemples, à l'abri de toute contestation loyale, et la conclusion à tirer de ce fait, ou plutôt de cet ensemble de faits, est bien facile.

VI. Pourquoi le mont Grenis, surnommé d'abord mont de la Croix, s'est appelé ensuite mont de la Croix-des-Courètes. — Le mont Grenis, où les Gagats adoraient le

Briva-Curretia (littéralement Pont-Corrèze). Or, ce second bourg n'est autre que Brives-la-Gaillarde, ou plutôt « la Gagarde », car, dans le voisinage, à Meymac, on exploite la houille, et, tout près encore, à Ayen-Bas, le plomb et le cuivre. Le nom d'Ayen paraît venir lui-même de Gagen, (Jayen, Ayen). Ainsi Curretia, Brives-la-Gaillarde, Ayen, tous ces noms nous fournissent des indications analogues.

soleil, avait été, après la purification du
sanctuaire, surmonté d'une croix et surnommé le mont de la Croix. Mais au bout
d'un certain temps, les malins esprits y étant
revenus, on l'aura appelé, dans les entretiens
du bourg, le mont de la Croix-des-Courètes.
Ces nains, tous grands danseurs, comme les
Corybantes et comme les Dactyles (ces petits
poucets forgerons), y apparaissaient sans
doute, la foi a de bons yeux ! exécutant au
clair de lune, sous l'ombre mobile des arbres, leurs rondes infernales.

— — —

XI

POLIGNAIS. — PANASSA. — LE DIEU POL.

Panassa est une colline située dans l'enceinte de la ville, du côté du couchant ; et
Polignais, un vieux quartier sur les flancs

de cette colline. C'est là que, dans les derniers siècles, les prêtres et bourgeois lettrés
avaient cru pouvoir transporter le théâtre de
la légende des Gagats. Leur érudition toute
scolastique ne leur montrant partout que
du latin plus ou moins altéré, ils croyaient
voir, dans Polignais, un reste du nom d'Apollon, ce qui les avait conduits à transformer
Panassa en Parnasse (1). La physionomie
celtique de ces deux noms n'est guère con-
testable. Il serait néanmoins difficile aujour-
d'hui de traduire avec exactitude celui de
Panassa. *Pan* est sans doute une des formes
de *penn*, sommet, colline, témoin Panna-
nagh en Écosse, dans le comté d'Aberdeen ;
mais *assa*, qui est ici l'élément caractéristique de *pann*, se prête à diverses interprétations dont aucune n'est de nature à
fixer la conviction. Ce nom composé pouvait
signifier, entre autres choses, « la mon-

______

(1) Bè Panassa, aulravé lou Parnassi ! — *Antoine Chappelon*, dans le poëme de Bobrun.

tagne de l'Ane », ou bien « la montagne du seigle » (1).

Quant à Polignais ou Poulignais, car telle est la prononciation populaire, en cela conforme aux plus vieux textes (2), il me paraît certain que ce nom se rattache à des travaux minérallurgiques du temps des Eurises. *Poull*, en armoricain, veut dire puits, fouille, excavation souterraine, et dans le vocabulaire gallois du ixe siècle, *pol* a exactement le même sens. Or, on exploite à Poullaouen, chez les vieux Corisopites du Finistère, d'anciennes mines de plomb mêlé d'argent ; à Polignies, en Flandre, de même qu'à Poligny en Nivernais, c'est la houille, et l'on remarquera que ces derniers noms sont presque identiques avec celui de Polignais.

Il y a grande apparence que ces puits passaient pour être la demeure d'un dieu, et

(1) Voir le très-instructif *Glossaire gaulois* de M. Roget de Belloguet, art. 18 et art. 173.

(2) La Tour-Varan.

même il se pourrait fort bien que ce dieu, habitant de l'abîme, eût reçu en plusieurs endroits le nom de sa demeure, puisque *pol* au moyen âge était devenu, en Armorique, un des sobriquets du diable (1). Une telle croyance tenait à l'écart des travaux le profane vulgaire, et quand on voyait de loin les initiés descendre dans la mine, on s'imaginait qu'ils y allaient consulter le dieu et qu'ils en apportaient des oracles. Le nom de Poullaouen, mot à mot *poull - awen*, signifie, en effet, littéralement « l'inspiration du « poull », c'est-à-dire l'oracle du dieu Pol ou du dieu innomé qui habite le *pol* (2).

Il est plus difficile de ramener à une signification analogue les mots *Polignies*, *Polignais*, *Polignac*, et leur nombreuse parenté. Cependant, si l'on admet, chose possible,

(1) *Barzaz-Breiz*, t. 1, p. 169.

(2) Consultez, pour le sens d'*awen*, *les Bardes bretons* de M. de La Villemarqué, p. 137 et 142.

que *ijin*, mis après *pol*, ait, dans la décadence de notre idiome national, engendré
Pol-ijin-um, et bientôt, par contraction,
Polinium, voilà, quant à la matière du mot,
le français Poligny, Polignies, clairement
expliqué. De même, *Pol-ijin-ach* ayant formé
Poliginiacum, puis *Poliniacum*, voilà Polignac, Poligneux et Polignais. Or, *ijin*, en
armoricain, a le sens d'*awen*, mais aujour-
d'hui plus restreint et s'appliquant aux sciences plutôt qu'à la poésie et aux choses divines :
c'est le talent, l'industrie, la pénétration, la
sagacité, l'art du calcul et des combinaisons,
la finesse, la prévoyance, le génie. Remontez
au temps où la langue avait moins de précision, était plus élevée et plus flottante, *ijin*
signifiera tout ensemble inspiration, possession divine, et pourra en même temps désigner toute une famille de dieux ou génies,
frères des Djins de l'Orient. Vous traduirez
alors Polignies, Polignais, comme nous avons
traduit Poullaouen, par « oracle du dieu

« Pol », ou du dieu inconnu qui habite le pol, ou bien encore par le « génie du puits », ou enfin par « Pol, divin génie ».

Pol ou Poul était si bien le nom d'un petit dieu gaulois, présidant aux travaux des mines, que, dans le moyen âge, on appelait encore « poulpiquets », en plusieurs provinces de France, une certaine famille de nains mystérieux ou lutins, ailleurs nommés « bolbigons », qui est, sous une autre forme, le même nom ; or, ce nom signifie clairement « Pol au pic ».

Il y aurait peut-être à se demander s'il n'y avait pas quelque ancienne et secrète parenté entre ce dieu Pol des Eurises et le Dioscure Pollux, divinité cabirique. Dans ce nom grec, le caractéristique « lux », au lieu de signifier, comme en latin, *lumière*, signifie, au contraire, ténèbres, venant de λύγη (1).

(1) Les Dioscures étaient fils de Léda, et M. Alfred Maury (*Hist. des religions de la Grèce antique*, t. I, p. 211, *note*) fait du nom de Léda une forme de Leto, *la*

Plusieurs circonstances semblent autoriser nos conjectures touchant le lointain parentage du dieu gaulois avec le dieu grec. Pollux faisait partie de l'expédition des Argonautes, dont le but véritable, à peine voilé par la légende, était la recherche des mines d'or de la Colchide. On le représentait toujours, comme sur le bas-relief des Nautes parisiens, à côté d'un cheval, les rênes dans la main, la main sur la crinière. Il présidait à l'apparition de ces feux mystérieux qui s'allument quelquefois, pendant l'orage, à la pointe des mâts. C'est à raison d'un incident du voyage des Argonautes, jetés par la tempête sur les côtes de Samothrace, que la Grèce avait fait des Dioscures, anciens dieux métallurges, des

nuit. Dans l'opinion de l'illustre savant, l'un des deux jumeaux représentait le crépuscule du soir, c'est-à-dire la nuit qui commence ; et l'autre, le crépuscule du matin, l'aurore, c'est-à-dire la nuit qui finit. En entrant dans cette hypothèse, Pollux, selon moi, figurerait la nuit naissante, le commencement du règne des ténèbres.

dieux marins (1). Or, après avoir retrouvé Pol (2) dans les mines de la Gaule, nous allons y retrouver aussi son fantastique coursier.

« La principale raison pour laquelle la
» plupart des mines de France ont été aban-
» données, tient, dit un savant du xvie siècle,
» à l'existence des esprits métalliques qui se
» sont fourrés en icelles. Les esprits se re-
» présentent les uns en forme de chevaulx
» de légère encoleure et d'un fier regard qui,
» de leur souffle et hennissement, tuaient les

(1) M. Alfred Maury considère avec raison le culte des Dioscures comme bien antérieur à l'expédition des Argonautes. Il le rattache, non sans beaucoup de vraisemblance, au culte védique. Je regrette qu'il n'ait pas été conduit à rechercher comment les Açwin ou Dioscures devinrent dieux cabiriques ou métallurges.

(2) Les Dioscures avaient été adorés chez les Étrusques, et Pollux, en Étrurie, s'appelait Pultuc. (Voir Preller, *les Dieux de l'ancienne Rome*.) Ce *Pul-Tuc* (prononcez Poul-Touc) nous rapproche de Poul-Awen et de Poulpiquet.

» pauvres mineurs..... » (1). Quant aux mé-
téores, que les Grecs appelaient aussi dioscures, du nom des jumeaux de Léda, on en
voit sous terre comme sur mer, et si le Pol
grec, devenu dieu des matelots, allumait *le
feu Saint-Elme*, c'était, selon toute apparence, le Pol gaulois, resté dieu métallurge,
qui allumait le *grisou*.

Les noms topographiques terminés par
igny, *igneux*, *ignac*, etc., étant en France
très-communs, on a quelquefois tenté d'expliquer cette finale par le latin *ignis*, feu.
Mais l'association d'un mot gaulois avec un
mot latin dans un nom composé, sans être
absolument rare, est toujours quelque peu
suspecte, et bien que le mot *ignis*, dérivant
du sanscrit *agni*, ait pu exister sous quelque
forme avoisinante dans l'ancien gaulois, on
ne l'y retrouve cependant aujourd'hui que

(1) F. Garrault, *Des mines d'argent trouvées en France.*
Paris, 1579.

sous des modifications qui datent de la plus
haute antiquité. « Aon », par exemple, se
traduit très-fidèlement par « dieu » dans
une multitude d'anciens noms gaulois, et
dans les dialectes néo-celtiques, notamment
en armoricain, « aon » signifie « agneau ».
On reconnaît, à ce double sens, et l'*agni* des
Aryas et l'*agnus* latin, et le dieu Feu et
l'animal, symbole de pureté, victime ordinaire des sacrifices que l'on offrait au dieu.
« Jon », qui, en Irlande et en Écosse, signifie encore dieu et soleil, n'est probablement
qu'une autre déviation celtique du même mot
sanscrit. « Ijin » ou « iin », esprit, pourrait
bien en être une troisième. Dans tous les cas,
je persiste à voir, en ce dernier terme, la véritable clef des finales des noms topographiques dont nous parlons. « Polignais » nous
annonce donc la présence en ce lieu du « génie
Pol ». De même, Albigneux, village à deux
lieues au nord de Saint-Étienne, sur la chaîne
de Riverie, nous parle encore de « l'Esprit

de l'Alp », et ce qui le prouve, c'est l'existence, à côté d'Albigneux, d'une montagne très-élevée qui s'appelle le mont Follet, c'est-à-dire autrefois le mont du Follet. Ce follet, ce lutin, c'était « l'Alp ijin », le djins ou génie de la montagne.

Assis sur un banc de houille, le quartier de Polignais est tout peuplé de forgerons; mais il semble n'avoir été peuplé que fort tard; en 1515, du moins, ce n'était qu'un hameau (1). Une terreur superstitieuse, dont la cause même était depuis longtemps oubliée, planait peut-être encore sur la colline et en éloignait les habitants.

(1) *Terrier seigneurial*, dit *terrier Paulat*, de l'an 1515.

XII

LE JANON.

Du culte de la lune. — Jana. — Chant mythologique des Gagals
du xiᵉ siècle.

Le Janon est un torrent qui descend des
gorges du Pila, et traverse, à un quart de
lieue de Saint-Étienne, un vallon houiller.

Ce torrent était consacré à Jana, et probablement aussi le vallon.

Jana, un des noms de la lune, était une
déesse infernale, particulièrement chère aux
métallurges. On l'appelait aussi Korid.

§ 1. — Des religions antiques dans leurs rapports
avec le culte gaulois de Jana-Korid.

La lune était invoquée, sous le nom de
Cora, dans le sanctuaire des Cabires de
Samothrace. Ce nom, en grec, peut signi-
fier la Vierge ; mais le nom et le culte

remontant aux âges pélasgiques, l'interprétation est au moins suspecte. Le véritable nom grec de Cora, c'est Hécate. Il n'a laissé aucune trace dans la Gaule.

Strabon, au contraire, avait lu dans Artémidore que, dans une île voisine des côtes armoricaines, on adorait la lune sous le nom de Koré ou Kori (1). C'était sans doute l'île de Sena, où, en plein xvıɪ⁰ siècle, le peuple s'agenouillait devant la lune, en marmottant ses patenôtres (2). On a reconnu, avec raison, dans cette Cori la Koridgwen ou la blanche Korid des bardes bretons, qui, semblable à Hécate, et par conséquent à la Cora des Cabires, présidait aux enchantements (3). Un autre indice fourni par les anciens achève de démontrer que l'île de Sena est véritablement celle dont avait ouï parler Artémidore, non pas, certes, le seul sanc-

(1) Strab., lib. IV.
(2) *Barzaz-Breiz*, t. I, p. 21.
(3) *Ibid.*, Introduction, p. ʟɪ. — Alf. Maury, *les Fées*.

tuaire de Korid dans la Gaule, mais un des
plus renommés. En effet, la divinité de Sena
était servie par des prêtresses, qui avaient,
chez les navigateurs, la réputation de grandes
magiciennes (1). Or, Hécate, déesse de la
magie, avait aussi des prêtresses, et elles
étaient toutes magiciennes ; Circé, sa nièce,
en était une, et il est impossible de ne pas
remarquer, en passant, l'analogie du nom de
Circé ou Kirke avec le celtique « Kerke »,
cercle, et « Kerker », magicien (2).

Losna ou Louna, l'Hécate d'Étrurie, est
représentée sur un miroir antique, à côté de
Pollux ou, dans la langue du pays, Pul-

(1) Pomp. Mela, lib. III.

(2) Les forgerons de Lemnos adoraient aussi Hécate,
mais sous le nom de Chrysès, qui rappelle celui du Vulcain Chrysaor, dont nous avons ci-dessus parlé. Opis,
nommée plus tard Diana Orthia, était l'Hécate des Taures.
L'un et l'autre sanctuaire remontaient à la plus haute antiquité, puisque l'usage des sacrifices humains s'y était
conservé comme en Gaule. C'étaient, à Lemnos et en
Tauride, les prêtresses de la lune qui égorgeaient la
victime.

Tuc (1). Elle porte, sur d'autres monuments
étrusques, le nom de Lara, qui n'est pas, ce
semble, sans affinité avec celui de « Loar »,
la brillante, nom commun de la lune chez les
Armoricains. Lara y figure à côté d'Aplu (2),
première ébauche d'Apollon.

L'Italie connut aussi Cora, et longtemps
peut-être avant d'avoir ouï parler d'Hécate.
Il y avait, dans le vieux Latium, à mi-chemin de Rome et du cap de Circé, une ville
dédiée à Cora. C'est aujourd'hui Cori, bourg
où l'on voit les ruines d'un temple de
Pollux.

Mais Jana paraît être, avec Janus, la plus
ancienne divinité du Latium (3). Jana était
la lune et Janus le soleil (4). Ils étaient

(1) Voir la *Mythologie romaine*, de Preller, trad. par
M. Dietz.

(2) *Ibid.*

(3) *Ibid.* — Janus était aussi, et par conséquent Jana,
une divinité étrusque.

(4) Macrobe et Arnobe l'attestent, sur la foi d'auteurs
perdus. On peut d'ailleurs se passer de ce témoignage ; le

frère et sœur. Ôtez de Jan-us la désinence
latine, marque du sexe; reste un radical
bien voisin de « Jon » qui, en Irlande encore,
signifie soleil, et eut jadis la même signification dans toutes les Gaules (1).

De même, de Jan-a, ôtez la désinence
latine, reste le même radical « ian », qui,
dans les Gaules, était la forme féminine de
« ion », et, par conséquent, désignait la
lune, ce qui sera bientôt assez clairement
démontré.

Jan-us conserva dans le Latium son nom
antique, mais, à la longue, céda à Aplu ou

fait est, par lui-même, facile à démontrer. (Voir Preller.)

(1) « Jon » a disparu dans le dialecte armoricain. Il y
était déjà, pour le sens, bien déchu au moyen âge ; mais il
signifiait encore *maître* et *seigneur*. (Voir Aurélien de
Courson, *Essai sur la Bretagne*.) La nomenclature topographique des Gaules porte de tous côtés, et notamment
dans le Jarez, des traces manifestes de ce nom ; les Jon-
zieux, Jonzac, Jonzy, etc., n'ont pas d'autre origine. Mais
la démonstration du fait m'entraînerait trop loin. — Jon-
zieux (Loire) est tout près de Fougerolles, dont j'ai déjà
parlé.

Apollon, à Sol et à Phœbus, presque tous ses attributs de dieu soleil. Jan-a s'évanouit avant l'aube des temps historiques, laissant, avec son nom à peine modifié, à Diana et à Juno, ses attributs de déesse du ciel, de la lumière, de la production, de la maternité (1).

§ II. — Jana, déesse gauloise.

Si nous interrogeons les dialectes celtiques encore vivants, nous verrons que « ian » y est lui-même un mot vivant. Il y a perdu sans doute quelque chose de son sens divin primitif; mais le sens qu'il y a conservé trahit son origine. « Ian » (2), en effet, si-

(1) Juno était, en effet, comme Diana, déesse de la lumière, et toutes deux présidaient aux accouchements, ce qui peut sembler étrange de la part de Diane, réputée vierge. (Voir Preller, *Mythologie romaine*.) Cela tient à ce que ces deux divinités n'en avaient primitivement fait qu'une, même en Grèce, sous le nom de Jana.

(2) C'est le dialecte armoricain qui a gardé cette forme antique. En Galles, on dit : « ien », et le vocabulaire breton du IXe siècle donne « jein ».

gnifie « froid », et figurativement, « chaste ».
Avec le préfixe celtique ou plutôt indo-européen *div*, *di* (dieu ou déesse), vous avez
di-ian (par contraction Dian), c'est-à-dire « la
froide et chaste déesse », ou la lune. Sans
le préfixe qui, en Italie, comme on vient de le
voir, est des temps postérieurs, il vous reste
« Ian », c'est-à-dire la chaste ou la froide.

Quantité de lieux, dans la Gaule, lui
étaient consacrés. Genève, par exemple, que
César appelle Geneva, était aussi nommée,
d'après Grégoire de Tours, « Januba » (1).
Genay, dans l'Ain, est, dans les vieux actes,
« Janua » (2). Le mont Genèvre, dans le
Briançonnais, était, suivant les manuscrits,

(1) Ce nom de « Januba » doit être une abréviation de
« Jan-Nuba »; car il rappelle un autre nom gaulois de la
lune, révélé par les inscriptions « Abnoba (*) ». Ab-noba
ne pourrait-il pas signifier « fille du ciel », et Jan-nuba « la
céleste Jan » ?

(2) Aug. Bernard, *le Diocèse de Lyon*.

(*) J'ai trouvé ce nom de *Diana Abnoba* dans M. Maury (*les Fées*,
p. 6). Il faut s'en rapporter à lui pour l'exactitude des recherches.

le mont Janus ou le mont « Janua » (1).
Mais si l'on veut bien considérer que cette
montagne fut aussi appelée dans l'antiquité
« mons Matrona » (2), on reconnaîtra, à ce
signe, que le véritable nom devait être
Janua ou plutôt « Jana ». Les Brigantii allaient adorer sur cette montagne la mère
« Jan », de même que les Romains continuaient à adorer sur le Janicule, Januspiter
ou le père « Jan-us ».

§ III. — Que la Jan ou Jana gauloise était parfois, comme Korid, une déesse souterraine.

Deux inscriptions breto-latines trouvées,
l'une à Rookby, comté de Richmond, l'autre
à Greatna-Bridge, au voisinage de Rookby,

(1) *Statistique des Hautes-Alpes*, par le baron de La-
doucette.

(2) Ce nom est indiqué sur l'itinéraire d'Antonin. Ammien-Marcellin en donne une explication des plus invrai-
semblables. On n'aurait pas changé le nom d'une montagne
consacrée à un dieu, que ce fût Janus ou Jana, uniquement
en mémoire d'une aventure de voyage de quelque dame

nous font connaître les noms des Parques gauloises (1). La première s'appelait « Nein » (2) ; la seconde « Brica » (3) ; la troisième « Januaria », nom évidemment composé, et qu'il serait téméraire de prétendre reconstituer rigoureusement dans sa forme gauloise primitive, sans doute altérée dans le latin. J'indiquerai cependant comme éléments probables de restitution « Jan-Ur » (4), signifiant

romaine. Mais Ammien-Marcellin connaissait Janus ; il ne connaissait plus Jana, et ne pouvait s'imaginer que cette « matrona » fût la déesse même de la montagne.

(1) H. Monin, *Monuments des anciens idiomes gaulois*, p. 2. M. Monin me semble avoir très-bien traduit l'inscription de Rookby.

(2) Les Germains avaient aussi trois Parques. La première s'appelait « Udr » et quelquefois « Nona » , d'où le nom commun de Nornes qu'on leur donnait. (Maury, *les Fées*, p. 66.)

(3) Brigantia (nom composé, dont le radical est Brig) était la déesse éponyme de Brigantia (Briançon), la principale ville des Brigantes. C'est dans le voisinage qu'est situé le mont Genèvre, dédié, comme on l'a vu, à « Jana matrona », c'est-à-dire à Jan, déesse mère ou Parque.

(4) Roget de Belloguet, *Glossaire gaulois*, au mot *uri*, art. 152.

en gallois « Jan-la-Pure » ; ou « Jan-Uras » (1),
signifiant en irlandais « Jan-la-Puissante ».

Cette trinité des Parques n'est peut-être
pas sans quelque rapport avec la triplicité
d'Hécate. Une inscription latine, trouvée en
Espagne chez quelque peuplade celtibère,
associe le nom de « Brig » à celui de Proserpine (2), et l'on sait que les anciens eux-
mêmes confondaient souvent Proserpine avec
Diane et avec Junon. Les noms grecs des
Parques, et sans doute aussi les noms gaulois, ne faisaient qu'indiquer les attributs
d'une même divinité infernale. Ces attributs
se sont ensuite personnifiés en trois déesses
distinctes, surtout en Grèce, de la déesse
mère. Mais l'inscription bretonne fait voir
que dans les Gaules la distinction était moins
complète, puisque l'une des Parques, « Jan-

(1) Roget de Belloguet, *Glossaire gaulois*, au mot *uri*,
art. 152.

(2) Delaborde, *Voyage pittoresque en Espagne*, t. II,
première partie.

uaria, » Jana-la-Pure ou la Puissante, con-
servait encore, dans les enfers, le nom primitif
de Ian, semblable au nom tout céleste de la
Diane grecque et latine, et au nom gaulois
sans doute équivalent de « Januba ».

Pour clore ce chapitre, je ferai observer
que le comté de Richmond, où l'on a déterré ces inscriptions, est un pays métallifère, et si l'on se rappelle qu'il y avait à Rome
un « Janus Curis » ou Janus Lance, on sera
peut-être moins éloigné d'admettre en Gaule
l'existence d'une « Jana Cora » ou « Ian
Korid », c'est-à-dire d'une déesse lunaire
très-rapprochée de la Cora des Cabires de
Samothrace ou d'Hécate.

§ IV. — Chant mythologique des Gagats du XIe siècle.

Ce qui est certain, c'est que nos forgerons
de Furan ont, comme ceux de Samothrace
et de Lemnos, adoré la lune. Les traces de ce
culte se sont conservées chez eux, non pas

7

aussi longtemps que dans l'île de Sein, mais jusqu'aux environs du XIIᵉ siècle.

Il existe, en effet, dans le patois des Gagats, un chant populaire dont la forme a peut-être été de loin en loin un peu rajeunie, mais, pour le fond des idées, tellement vieux qu'il va chaque jour s'effaçant de la mémoire même des nourrices, ces obstinées dépositaires de la tradition. Je l'ai, en mon enfance, entendu de plusieurs bouches et n'en ai, à mon grand regret, retenu que les vers suivants :

> Luna ! luna ! luna !
>
> Prêta-me la lanci,
> Par allâ en Franci ;
> Ou prêta-me toun chaouè gris,
> Par allâ en paradis.
>
> Lou paradis é tant bè !
> O leÿ a de gente fillette
> Qué dansount sus le violette ....

Cette bizarre et poétique chanson, que plus d'un vieillard de l'Heurton acheverait peut-être, est, à double titre, fort curieuse.

On voit d'abord qu'elle nous transporte en
un temps où les Gagats parlaient de la France
comme d'un pays étranger, même ennemi,
puisque le poëte, ancêtre inconnu des Chappelon, demande à y aller en combattant, la
lance au poing, ou à mourir; encore vou-
drait-il avoir une lance divine, la sienne
sans doute s'étant brisée dans sa main.

Or, le Jarez occidental, où fumait le bourg
des Gagats, ne fut, et non sans lutte, incor-
poré au Forez, c'est-à-dire à la France, qu'en
1173. Notre chant, si je ne m'abuse, se
rapporte aux événements qui précédèrent
cette annexion; il est donc du xiie siècle et
plus probablement encore du xie. A peine
peut-on dire qu'il soit chrétien; il ne l'est
que par un mot, le mot de « Paradis », évidemment emprunté au vocabulaire de l'Église,
mais ramené pour le sens à l'inspiration toute
bardique des couplets.

C'est chez les Gagats une tradition que le
paganisme avait encore dans leur bourg des

racines puissantes au temps de la mission de
saint Robert d'Aurillac, fondateur de la
Chaise-Dieu, c'est-à-dire au milieu du XIe siècle (1). On peut donc, je le répète, placer
aux environs de cette date la composition de
la chanson ; elle se lie ainsi tout naturellement aux faits les plus dramatiques et les
plus oubliés de nos obscures annales, en re-
çoit et aussi leur prête je ne sais quel étrange
et pâle reflet.

C'est par le côté mythologique seulement
qu'il faut à cette heure l'étudier.

Il est d'abord aisé de reconnaître que la
lune n'a, dans cette incantation, aucun caractère gréco-romain ; ce n'est point la chas-
seresse au carquois sonore, ni la céleste voya-
geuse assise sur son char d'argent. C'est la
« Ian Korid » dont je parlais plus haut : elle
est armée d'une lance, comme Janus Curis,

____

(1) *Chronique de Beneylon*, publiée en 1833, dans la
Revue de Saint-Étienne, par M. Alph. Peyret. — Aug.
Bernard, *Hist. du Forez*, t. 1.

et, à la différence du dieu latin, s'en va che-
vauchant sur un coursier gris. Sa lance, elle
peut la prêter à l'homme pieux encore engagé
dans les luttes de ce monde, quand elle veut
l'aider à triompher de ses ennemis ; par là,
elle tiendrait de Minerve, qui, elle aussi,
semble avoir été à l'origine une déesse lunaire (1); mais quand elle veut délivrer les

(1) Son nom paraît venir de Mên, dieu phrygien, symbole de la lune. On représentait le jeune dieu la lance en
main, un croissant sur l'épaule, près d'un cheval. — Les
Grecs en firent une déesse. Mais la métamorphose ne rend
pas le dieu primitif tout à fait méconnaissable. Minerve a
la lance, et à ses pieds la chouette, oiseau de nuit ; elle
était protectrice des chevaux, et portait sur son égide la
tête de Méduse, un des emblèmes de la lune (*). Son nom
n'est point grec ; les Grecs l'appelaient Athéné ; mais ce
nom de Menerf ou Mnerf (d'où Minerva) s'était conservé
chez les Étrusques. Athéné elle-même fut prise pour la
lune (**), et son culte primitif semble se rattacher aux
mystères de la métallurgie. C'est Vulcain qui, d'un coup
de marteau, la tira du cerveau de Jupiter ; c'est le magicien métallurge Erychton, fils de Vulcain, qui institua les
panathénées, c'est-à-dire les fêtes de la déesse.

(*) Longpérier, *Médailles inédites de la Lycie.*
(**) Alf. Maury, *Religions de la Grèce antique,* t. I, p. 138.

hommes de la lutte, elle leur prête son cheval,
qui les conduit dans l'Iden druidique ou,
comme dit la chanson, « en paradis ». Étrange
paradis, où l'on voit, entre autres merveilles,
danser en chœur de jolies filles, dans des prés
tout parsemés de violettes ! La « Luna » des
Gagats du xiᵉ siècle n'est autre que Januaria, c'est-à-dire la Parque des inscriptions
bretonnes ; c'est l'infernale divinité qui me-
sure à son gré la vie des hommes (1).

Le chant des Gagats a donc une physionomie toute celtique. Il faudrait aller en Irlande
pour trouver aujourd'hui quelque chose de
pareil : c'est, en effet, à cheval, et probablement sur le cheval gris de la lune, que le chef
O'Donoghue monte « en Paradis », entouré

____

(1) Autre raison qui prouve que le mont Genèvre était
dédié à Jana matrona, puisque les Romains appelaient
« matronæ » les Trois Parques, et que Jana était, comme
on l'a vu, une des Parques gauloises, de même que Brig,
dont le nom est le radical de celui de Brigantium ou
Briançon, près du mont Genèvre.

des Elfs ou petits génies, compagnons et serviteurs de la déesse (1).

§ V. — Conclusion.

La lune, sous le nom de Korid dans les
Gaules et de Cora chez les Pélasges, était
une divinité cabirique, présidant aux opé-
rations magiques, lesquelles embrassaient
toutes les sciences naturelles, alors occultes,
médecine, chimie, métallurgie, astronomie
et physique. Son culte était souvent associé
à celui du Soleil et à celui de Pollux. —
Sous le nom de Ian, — (Jana dans l'antique
Latium) c'était encore, dans les Gaules, une
divinité souterraine, une déesse mère, une
des Parques, la même, au fond, que Koridgwen.

Il est impossible que le hasard ait ras-

(1) Maury, *les Fées.*

semblé toutes ces circonstances chez les Gagats.

Nous trouvons, à côté d'eux, un ruisseau et un vallon qui portent le nom primitif de la lune, Jan-on (Jan déesse, équivalent de Diana).

De plus, nous trouvons, dans leur mémoire, un débris de chanson qui nous présente la lune sous les traits de la Parque gauloise, c'est-à-dire de la Jana Matrona des Gaulois Brigantes, et de la Januaria des Gallo-Bretons du Yorkshire.

Enfin nous trouvons le culte de la déesse associé, sur leur territoire, à celui du soleil (sur le mont Grenis, devenu la Croix des Courètes), et à celui de Pol (Pultuc ou Pollux), à Polignais.

XIII

LE CULTE DU TONNERRE. — LE DIEU TARAN.

Il n'est question dans notre légende que de Jupiter seulement, non de Taran ; prenez la légende au pied de la lettre et puis cherchez : ce sera peine perdue. Mais grattez un peu la lettre, et sous le dieu gréco-latin, vous allez découvrir un dieu gaulois, symbole de la foudre, pareil à Jupiter tonnant.

I. — Taranis était, selon Lucain, un des grands dieux de la Gaule ; il fut, après la conquête, identifié à Jupiter, témoin l'inscription gallo-romaine dédiée à « Jovi-Tara-nuco » (1).

II. — Le mot « taran », vieille agglutination de Tar-An (dieu de la foudre) exis-

(1) Orelli, n° 2956. — Il existe trois ou quatre inscrip-tions analogues.

tait encore en langue bretonne, avec le sens
de « tonnerre » au ixe siècle (1). Les Irlandais disent « torin » et les Gaëls d'Écosse,
« torun ». Le radical du mot, sous ces deux
formes, rappelle le nom du dieu « Thor »
qui était, en effet, le Taranis ou le Jupiter
des Scandinaves. Mais « taran » étant dans
Lucain est, à coup sûr, la forme gauloise la
plus ancienne, et elle subsiste ainsi dans le
dialecte armoricain, mais seulement avec le
sens restreint d'éclair et, par suite, de feu
follet.

III. — On ne saurait douter que « Tar »
ou le dieu foudre, identique au « Thor »
scandinave, n'ait été, mais bien avant l'âge
où commence l'histoire, adoré dans la Grèce
et l'Italie pélasgiques.

Le dieu « Tar » oublié des Grecs et des

(1) Voir le *Glossaire breton de* 882, publié par M. Aur.
de Courson.

Latins, a laissé, en effet, dans leur langue et leur mythologie, d'ineffaçables traces.

« Tarassô » signifie, en grec : j'ai peur; « tarakè » : trouble, agitation, frayeur; « tarbê » : épouvante; « tartarizô » : je frissonne. « Tartaros », le Tartare, dont le nom résonne comme le bruit redoublé de la foudre ou le « taratantara » d'Ennius, est le lieu sombre et brûlant où Zeus précipita les Titans foudroyés; c'est l'enfer, l'éternel théâtre des vengeances du ciel. « Taraxippos » est, en Elide, un dieu qui fait cabrer les chevaux; c'est l'éclair.

Le latin a, sous la forme scandinave, « torrere », brûler; « torvus », menaçant; « torris », tison incandescent, torche; « tortare, torquere, tormentum », qui rappellent les supplices du Tartare.

Il a encore, sous une autre forme, « terrere », effrayer; « terror », terreur.

Sous la forme gauloise, probablement la plus ancienne, Rome a le mont Tarpeien (de

tar-pi; en vieux celtique : mont de Tar).
C'est la montagne où l'on adorait « Tarpeius
Pater », c'est-à-dire, au plus profond des
temps historiques, Jupiter tonnant, dont
Auguste restaura le temple. C'est là encore,
près de l'autel de Jupiter Capitolin, c'est là
qu'on punissait les grands coupables, en
les précipitant du haut de la roche Tar-
péienne. Je ne dis rien de « Taras », dieu
obscur, à qui les Tarentins attribuaient la
fondation de leur ville.

Ou je me trompe fort, ou ces observations
autorisent à croire que « Tar » fut, chez
toutes les races indo-européennes, le nom
primitif du dieu vengeur, personnification
de la foudre.

IV. — Le druidisme, qui faisait des cœurs
braves et des esprits timides, fut plus fidèle
que la Grèce et l'Italie à ses premières divinités. Jana et Taran nous en ont déjà fourni
deux exemples ; nous en trouverons plus tard

un troisième bien remarquable encore, quand nous parlerons du dieu Fur.

Avec une incontestable empreinte d'originalité nationale, les mythes de la Gaule, ses rites cruels, son culte aussi immobile que ses menhirs et ses dolmens, tout cela ressemble à une espèce de pétrification du monde pélasgique plutôt qu'à une imitation de la Grèce savante et de l'Italie des Césars.

V. — Quoi qu'il en soit, il est à peu près évident que les Gagats ont adoré Taran.

On voit, au-dessus du Bois-Noir, sur les hauteurs brumeuses qui ferment, au midi, leur horizon, entre le Pila et le Niolloux, l'antique village de Tarantaise (1). Ce village doit avoir eu jadis quelque importance;

(1) Un bourg des Ceutrons, dans les Alpes cottiennes, portait jadis le même nom que notre village. C'est aujourd'hui Moutiers. Le nom de Tarantaise est resté, jusqu'en ces dernières années, à la province savoyarde dont Moutiers était le chef-lieu.

on n'y trouve, à ma connaissance, aucune ruine; mais la mémoire des hommes est plus inusable que les pierres et garde mieux les inscriptions qu'on lui confie. Il y a, sur la lisière du bourg, un lieu appelé *le Palais;* un autre lieu appelé *les Citadelles :* ailleurs, toujours dans le même cercle, un lieu appelé *La Lune ;* un autre lieu, *la Mort.* Pourquoi? C'est oublié.

Trouvez-moi, cependant, en épigraphie, un mot plus lisible et plus clair que celui de Tarantaise.

Pour « taran », point d'hésitation : c'est, dans toute sa pureté, le nom gaulois du dieu gaulois.

Quant au caractéristique « taise », vous n'avez que le choix des interprétations :

1° Taran-tiegez (prononcez tiez) — séjour de Taran.

2° Taran-teuz — Taran dieu.

3° Taran-teis — Taran le Brûlant (1).

Si j'avais à me prononcer, j'adopterais volontiers cette dernière explication. Elle s'accorde mieux que les deux autres avec le nom de Tarantaise, tel qu'on l'a toujours prononcé en Jarez et en Savoie, où existait un bourg homonyme. « Teis » (le Brûlant ou le Dévorant) était, dans tous les cas, un surnom bien approprié au dieu Taran.

VI. — Lucain dit qu'on sacrifiait à Taran, comme à Teutatès et à Esus, des victimes humaines.

(1) Il y aurait bien encore une quatrième explication : ce serait « Taran-Atuez », c'est-à-dire « Taran des Atuesi ». Je crois, en effet, avec Walkenaer, que les Atuesi de Pline habitaient cette contrée ; mais Walkenaer étend, à mon avis, un peu trop leurs domaines ; je les renfermerais dans le Pagus Jarensis. Ce n'est pas ici le lieu de développer cette opinion. Il suffit de rappeler qu'il y a, non loin de Tarantaise, le vieux hameau des Atheux, un vieux bourg de Saint-Romain-les-Atheux, une vallée de Colatéis (*Koad-Atuez*, bois des Atuesi), et à 5 ou 6 lieues au nord, sur la chaîne de Riverie, un autre hameau des Atheux.

Or, il y avait deux sortes de sacrifices, le sacrifice sanglant, et le sacrifice par le feu. On construisait une cage d'osier, ayant la forme d'une statue monstrueuse, grossière image du dieu à qui l'on préparait l'affreux festin. On remplissait la statue de victimes vivantes et l'on y mettait le feu. C'était là, suivant César (1), le supplice ordinaire des criminels.

Il y a donc lieu de croire que c'est à Taran qu'on offrait ce genre de sacrifices, le dieu foudre étant, à l'origine de toutes les mythologies, le dieu justicier.

VII. — Je ferai remarquer à ce propos le nom bizarre que porte dans les vieux titres le bourg de Marlhes, voisin de Tarantaise. Ce bourg, où sont les ruines d'une ancienne commanderie du Temple, s'appelait Maroglivos, ce qui, en celtique, signifie « mort brillante » ou « lumière de la mort », je ne sais

____

(1) *Cæs. de Bell. gall., lib.* VI, *cap.* 16.

quoi enfin où se trouvent combinées les idées de mort et de lumière (1).

VIII. — Il existait jadis à l'entrée du bourg des Gagats un autre lieu appelé Tarantaise. C'est, depuis deux ou trois cents ans, le nom d'une rue, laquelle a cela de particulier qu'elle ne mène point et n'a jamais mené sur

(1) « Maro », en armoricain, *la mort, le mort.* « Lliw », en gallois, *couleur, éclat, lumière;* en irlandais, « li ». C'était anciennement « gliv » qui se prononçait en mouillant le *gl*, prononciation reproduite par le double *l* du gallois « lliw ».

L'armoricain a gardé le *g* initial dans « goulou », *lumière;* « goulaoui », *éclairer;* mais il l'a supprimé dans « lugerni » et « luc'ha » briller, dont « lou » est, à coup sûr, le radical. « Gou » n'était, à l'origine, qu'un préfixe parfaitement distinct du nom et du verbe.

Le *g* de notre vieux « maroglivos » ne se prononçait pas. C'est pourquoi ce mot nous a légué le français Marlhes, et de plus le nom d'un autre bourg, situé dans le voisinage, nom où la physionomie du mot celtique se reconnaît encore mieux : c'est Saint-Genest-*Marlifos*, aujourd'hui Malifaux.

Ces deux localités, Marlhes et Saint-Genest-Marlifos, sont situées sur le plateau de Tarantaise, et Saint-Genest tout près du village qui a gardé le nom de Tarantaise.

la montagne dont je viens de parler. Aussi,
en ma jeunesse, quand on allait en cette rue
ou dans son voisinage, on disait qu'on allait
à Tarantaise.

Il serait donc possible que dans l'antiquité
Taran-Teis eût eu là un second autel.

Tels sont les fondements cachés de notre
légende, en ce qui regarde Jupiter.

XIV

FURAN.

LE RUISSEAU. — LE DIEU. — LA BOURGADE.

Pour clore cette dissertation à l'appui de
notre légende, je n'ai plus à parler que de
Furan.

Furan était et est encore, tout le monde le
sait, le nom de notre ruisseau.

C'était, en outre, tout le monde ne le sait
pas, le nom d'un dieu, le dieu Fur.

Enfin c'était, bien des gens le contestent, le nom même, le nom primitif du bourg qu'habitaient les Gagats.

Étudions donc Furan sous ce triple aspect.

XV

LE RUISSEAU DE FURAN.

I. Le Furan prend sa source auprès de Tarantaise, à l'ombre des sapins, traverse la vallée sauvage dite le Gourd-d'Enfer, tombe en cascatelles, roule et bondit parmi des montagnes granitiques, aujourd'hui déboisées et par endroits tellement nues, arides et glissantes, qu'une chèvre n'y aurait pas le pied sûr; passe devant la grotte des Fées (1), et un peu plus loin débouche dans la gorge

(1) A Rochecorbière. On la nomme aussi Grotte des Sarrasins.

riante et sombre que dominent les ruines encore imposantes du vieux château de Rochetaillée (1). A l'extrémité de cette gorge, le voilà dans la vallée houillère ; il s'en va d'une marche plus lente, baigne les murs de l'ancienne abbaye de Valbenoîte, égaie et désaltère quelques hameaux de forgerons, traverse la ville de Saint-Étienne, entre le Mont-Gre-

(1) Ce château existait, on en a la preuve, au XIIᵉ siècle ; la tradition, cela va sans dire, l'attribue aux Romains. Il est bâti au sommet de la gorge alpestre dont nous avons parlé ; il en garde l'entrée. Ses assises reposent à plus de 300 pieds au-dessus du Furan, sur un énorme bloc de quartz blanc et poli, semblable à une tête chauve. De là son nom celtique de Rok-tal ou front de roc. — La montagne de Rok-tal est le point de partage des eaux de la chaîne de Pila. Le vieux château s'ouvre, à l'ouest, sur la longue et pittoresque vallée du Furan ; du côté de l'est, il surplombe la vallée de Janon, en cet endroit singulièrement profonde, étroite et sombre. Il s'ensuit que, du haut des tours, on eût pu, à son gré, vider sa coupe dans l'Océan ou dans la Méditerranée ; il n'y avait qu'à se retourner ; car le Furan, tributaire de la Loire, porte ses eaux à l'Océan, et le Janon, qui se perd dans le Gier, et avec le Gier dans le Rhône, s'en va dans la Méditerranée.

nis et le Mont-d'Or, gagne l'Étivallière (1),
contourne au nord, à l'Etrat, le pic sili-
ceux que couronnait jadis le château de
Saint-Priest, des sires de Jarez et des sei-
gneurs de Saint-Étienne; arrose, à travers
bois, les vertes clairières du charmant vallon
de La Fouillouse, et se jette enfin dans la
Loire, à Andrézieux, après un cours d'environ
six lieues.

II. Il n'est guère au monde d'ouvrier plus
laborieux que ce petit ruisseau ; il fait tous
les métiers : il est scieur de long, meunier,
forgeron, rémouleur, moulinier en soie, tein-
turier, que sais-je encore? La quantité d'u-
sines de toute sorte qu'il met en branle avec
son filet d'eau est effrayante. Aussi est-il
toute la semaine aussi noir qu'un *pereiró* (2)
sortant du puits.

(1) De *stivel*, en armoricain : fontaine en pierre.
(2) Ouvrier mineur.

III. J'ai dit qu'il était forgeron ; c'est son premier métier. Même il a en ce genre une vieille réputation tant soit peu usurpée. On prétend qu'il est sans égal pour la trempe du fer.

Or, le fait ainsi énoncé n'est pas exact.

Le Gier, le Janon, la Loire, le Rhône, tous les ruisseaux, toutes les rivières, toutes les eaux pures ont les mêmes vertus.

Mais la trempe est un art très-délicat, qui a ses règles et aussi ses mystères. Les Gagats excellent dans cet art, non pas tous cependant : l'ouvrier qui donne la façon au métal n'est pas celui qui lui donne la trempe ; il y a parmi eux des trempeurs et même d'anciennes familles de trempeurs. C'est donc à ces braves gens qu'il faut, pour être juste, attribuer l'antique renom de notre ferronnerie.

Allez pourtant leur dire cela, et vous en verrez plus d'un hocher la tête. Ils croient modestement de père en fils à la vertu spécifique des eaux de Furan. Cette erreur, qui s’est propagée et depuis trois siècles roule dans les livres, est la dernière et lumineuse trace d’une superstition païenne ; elle nous a mis sur la voie d’un dieu inconnu, à qui le ruisseau était consacré.

XV

LE DIEU FUR.

Le dieu inconnu dont nous allons parler est un des plus anciens dieux du monde ancien ; on l’avait adoré en Orient et en Occident ; il s’appelait Fur, c’est-à-dire, en armoricain, le Sage.

Mais sa sagesse, on le verra, ne résidait pas uniquement dans la possession des vertus morales ; elle s’appliquait surtout à la connaissance des métaux et au talent de les mettre en œuvre.

Telle n'était pas néanmoins la signification primitive du nom divin.

Fur, à l'origine, était le feu, non le feu vengeur de Taran, ni le feu solaire d'Ion, d'Héol, de Grian ou de Belen, mais le feu ouvrier, le feu captif au service de l'homme.

Furan ou Furanos (en latin *Furanus*) était en ce sens le dieu feu, identique à Héphœstos, mais probablement plus ancien ; absolument identique à Vulcanus, dont le nom dérive de Fur, ce qui sera plus tard mis, je l'espère, en pleine évidence.

La Gaule n'ayant rien écrit, c'est en Grèce d'abord et puis en Italie que nous avons rassemblé quelques premières clartés sur le dieu Fur ; on y devine, à je ne sais quelle traînée radieuse qu'il a laissée dans la langue et la mythologie, de quelle adoration il avait été l'objet ; mais on apprend aussi par cette étude que le dieu s'était transformé bien avant les temps historiques, ici en Héphœstos, là en Vulcanus. Son nom même, son nom primitif qui, dans les dialectes celtiques, est resté une louange, n'avait plus, en grec et en latin, qu'un sens injurieux. C'est là un signe irrécusable de la haute antiquité et de la longue permanence du culte de Fur chez les Gaulois.

XVII

(Suite du dieu Fur).

LA LÉGENDE PÉLASGIQUE DE FORONOS (1).

La plus ancienne légende des Pélasges est celle de leur ancêtre Foronos, père de Pélasgus et de sa race.

Foronos aurait vécu, d'après certains cal-

(1) Le φ ou *ph* des Grecs rend notre son *f*; c'est le *p* aspiré. C'est pourquoi, au lieu d'écrire, selon l'usage, Phoronos, je prends la liberté d'écrire, en français, Foro-nos, afin que les différences superficielles de l'écriture n'abusent personne sur l'identité réelle des sons, des mots et des idées.

culs, environ dix-neuf siècles avant l'ère
chrétienne. Il civilisa, dit-on, l'Argolide, et
y institua le culte d'Héra, plus tard confon-
due avec Junon. On le prenait pour l'inventeur du feu, c'est-à-dire, cela s'entend, du
feu domestique, captif, asservi aux besoins
de l'homme.

Le feu sacré, entretenu par les prêtres, et
à l'aide duquel, dans l'origine, chaque famille pouvait sans effort, même en hiver,
rallumer son foyer éteint, se nommait encore
dans les temps postérieurs, où il ne servait
plus au même usage, « feu de Foronos ».

Il paraît que Foronos n'était pas étranger
à la métallurgie : la légende le met en guerre
avec les Curètes et les Telchines.

§ 1. — Critique.

La légende a parfois déifié des hommes :
elle a aussi, de temps en temps, qu'on me
passe ce barbarisme, humanifié des dieux.

Je n'entends point parler ici de cet anthropomorphisme qui prête aux dieux le visage, les sens et les passions de l'homme, les fait boire, manger, dormir, désirer et craindre, jouir et souffrir, le tout sans les dépouiller de leur divinité. Je veux parler de l'évhémérisme qui anéantit leur divinité originelle et fait de la mythologie une transfiguration de l'histoire positive.

L'évhémérisme savant et systématique est déjà bien vieux, puisqu'il date de quatre cents ans avant notre ère. Mais il y a, j'ose le dire, un évhémérisme bien plus vieux, presque aussi vieux que l'anthropomorphisme, et en lui-même tout aussi naïf. Bien des siècles avant la naissance d'Évhémère, la raison ignorante a quelquefois pris pour un homme des anciens âges le même être idéal que l'imagination ignorante avait adoré et peut-être adorait encore.

C'est en ce sens que la légende a parfois, comme je le disais, humanifié des dieux.

Elle nous présente, en effet, comme d'anciens héros ou d'anciens rois,· ayant véritablement vécu sur la terre, certains personnages mythiques dont le culte presque éteint avait, avant la naissance des lettres, perdu sa clarté, et dont le nom même n'était plus qu'une énigme dans des langues toujours mobiles, que le temps modifiait plus rapidement que de nos jours. .

La légende de la Toison d'or embarque sur l'Argo, parmi des personnages très-probablement historiques, plus d'un ancien dieu méconnu, tel que Pollux, dont nous avons déjà parlé. Pollux n'aurait ainsi conquis sa divinité que dans cette expédition, et, par conséquent, c'est plus tard qu'on aurait fabriqué à ce prétendu héros sa mystique généalogie.

Il en est de même de Janus, nom devenu inintelligible, culte obscurci et amoindri, Dieu incertain, à l'époque où Numa releva ses autels. Mais comme le peuple l'appelait encore Januspiter et se rappelait vaguement un temps où il avait été l'objet de tous les hommages; les légendaires, ne se doutant pas qu'il eût été le soleil, firent du dieu tombé et à demi-restauré un ancien roi du Latium.

Voilà ce que j'appelle l'évhémérisme primitif et naïf, qui livre à l'histoire pour hommes déifiés certains dieux détrônés, remplacés, longtemps bannis peut-être, et dont le peuple seul gardait confusément la mémoire. La renaissance de leur culte a l'air d'une apothéose; vous diriez, si la comparaison est permise, de vieux princes, de vieux évêques, morts depuis longtemps en odeur de sainteté, et nouvellement canonisés.

§ 2. — Des rapports de Foronos avec Varouna et Vranos.

Les Perses appelaient le soleil (source du feu, le premier feu qu'aient adoré les hommes) « Varé ». Ce nom est le radical même du nom de Varouna une des grandes divinités des Védas.

Dans la mythologie un peu flottante des Aryas, Varouna est, en effet, comme Agni, une personnification du dieu Soleil (1). Mais comme il personnifie aussi l'espace, le firmament, le ciel, on a très-judicieusement reconnu dans la divinité aryenne le type du dieu grec de Vranos.

Tout semble indiquer que Foronos est, avec Vranos, un dédoublement de Varouna ; ce n'est pas, comme Vranos, le Varouna ciel ; c'est le Varouna soleil, le Januspiter des Pélasges.

Seulement Foronos est, comme Janus, un de ces dieux antiques dont la légende aux abois a tardivement fait des hommes.

(1) Voir l'étude de M. Alf. Maury sur la religion des Aryas, dans le volume intitulé : *Croyances et légendes*.

§ 3. — Des rapports de Foronos avec Prométhée.

Le Titan Prométhée n'est pas sans ressemblance avec Foronos. Il passe, lui aussi, pour l'inventeur du feu. Mais sa légende est tout un poème plein de grandeur morale et de magnificence; le feu qu'il apporte aux hommes, il a été le prendre dans le ciel, et il expie ce bienfait par un long supplice. Qui lui inflige ce supplice? C'est Héphœstos, le dieu forgeron, circonstance qui rappelle obscurément les démêlés de Foronos avec les Telchines et les Curètes.

Il semble donc que ces deux inventeurs du feu, l'un plus humain en apparence, l'autre plus divin; l'un d'origine pélasgique, l'autre d'origine grecque, soient, sous deux noms, le même personnage ou plutôt le même symbole.

Foronos n'était d'abord chez les Pélasges qu'une émanation ou une transformation de

Varouna; il y a pris ensuite le caractère du feu détaché du soleil, du feu qui brûle dans le sanctuaire et que le prêtre communique aux hommes. Mais cette communication bienfaisante est comme le signal d'une guerre religieuse ou au moins sacerdotale entre Foronos et les Curètes, ou prêtres métallurges. On dirait que Foronos a surpris ou trahi leurs secrets, et son nom reste attaché au souvenir de cette grande et mystérieuse révolution.

Prométhée lui-même n'était d'abord, selon les conjectures de quelques savants, qu'une divinité védique, « Pramathi » étant un des surnoms d'Agni (1). Il représentait, chez les Grecs, le feu dérobé au soleil, le feu du sacrifice, et de plus, le feu créateur des arts, communiqué aux hommes malgré les dieux. Mais le mythe de Prométhée, comme celui de Foronos, suppose l'antériorité d'un dieu métallurge, de cet Héphœstos qui, par ordre

____

(1) Maury, *Religions de la Grèce antique*, t. I, p. 371.

de Jupiter, forge des chaînes pour lier les membres du Titan impie et rebelle. Le nom de Prométhée devient ainsi chez les Grecs, comme celui de Foronos chez les Pélasges, le clair emblème de la révolution qui mit les peuples en possession de certains secrets jusque-là renfermés dans le sanctuaire de Samothrace.

§ 4. — Des rapports de Prométhée et de Foronos
avec le dieu Fur des Gaulois.

La révolution dont nous parlons s'opéra d'abord chez les Pélasges, qui en furent dans l'Europe occidentale, les propagateurs et les apôtres. Tout porte à croire que Foronos fut, dès lors, et resta longtemps confondu dans leur esprit et dans leur langue avec Héphœstos lui-même, le dieu du foyer et de la forge.

L'initiation des Grecs fut plus tardive. Prométhée avait été vaincu et garotté. Mais

9

voici un fait remarquable et qui est, à mon avis, une preuve nouvelle de l'antique ressemblance des deux fables. Le nom de Prométhée, en grec comme en sanscrit (1), signifie le prévoyant, le prudent, l'avisé, le sage; or, tel est justement le sens du mot « fur », radical de Furanos, dans les dialectes celtiques. Ce mot, en armoricain, signifie *le sage*; le glossaire breton du ixe siècle le traduit par *prudent*.

§ 5. — Considérations philologiques.

For ($\varphi \omega \rho$) est, selon toute apparence, la forme pélasgique de Pur ($\pi \nu \rho$), feu. Les Grecs primitifs entendaient très-bien ce mot sous l'une et l'autre forme; mais, pour eux, au temps lointain des guerres de voisinage, qui étaient toujours, en même temps, des

(1) Voir Maury, au lieu indiqué dans la note précédente.

guerres sacrées, « for » représentait à leurs
yeux le feu des ennemis, le feu « impur »,
malfaisant, qui ne féconde pas, mais corrompt.

Quand la légende dit qu'Apollon tua le
Pélasge Forbas (le Feu-roi), elle nous retrace
un épisode de ces guerres saintes, un des
triomphes de l'Hellénisme et de son culte
sur le Pélasgisme et son culte.

Le feu étant le principe du mouvement,
et la flamme elle-même étant toujours mobile, cette idée se liait au nom du feu dans
la langue des Aryas. On a très-judicieusement remarqué que le radical *ag* du sanscrit « agni » se retrouve dans le latin *agere*
et *agitare*. Je ferai remarquer, à mon tour,
que le radical *var* du sanscrit « Varounas »
(*varé*, en zend) se retrouve dans *variare*,
changer de place, remuer.

Or, en grec, voici le sens de « for » et de
ses dérivés :

« For » signifie mouche, bestiole légère et

remuante comme le feu, mais qui, comme le feu impur, souille et corrompt ce qu'elle touche.

« Foruo » et « Furo » (nous voilà bien près du « fur » celtique) signifient *je remue, je mêle, j'embrouille, j'altère, je gâte, je confonds, je détruits.*

« For » a, en outre, au figuré, le sens odieux d'espion et de voleur, que nous retrouverons dans le latin, et expliquerons mieux à l'aide de cette langue qu'on ne pourrait le faire avec le grec.

Le nom seul de la pourpre garde, en grec, quelque trace du sens propre de feu, primitivement attaché aux mots « for » et « fur ».

« Porphura » (πορφυρα) égal au latin *purpura*, exprimé par un redoublement du même mot deux fois l'idée de feu, et, par conséquent, signifie couleur, éclat, flamme du feu, feu flambant.

§ 6. — Formation du mythe grec de Foronos.

Quand les Pélasges ne formèrent plus avec les Grecs qu'une même nation, parlant la même langue et professant le même culte, Grecs et Pélasges ne se distinguaient plus entre eux et n'avaient d'un passé sans histoire qu'un vague souvenir.

Mais il existait alors, sous la religion vivante, une religion populaire à moitié morte, qui peu à peu rentra dans la religion vivante. Les dieux des Pélasges, et notamment ceux qu'ils avaient, dit-on, empruntés à l'Égypte et à d'autres nations étrangères, devinrent des dieux grecs (1). Cela arriva certainement bien avant la naissance d'Homère et d'Hésiode. Mais les premières divinités des Pélasges, celles qu'ils auraient adorées, suivant Hérodote, sans les nommer (2), c'est-à-dire

(1) Hérodote, liv. II, cap. 52.
(2) *Ibid.*

sans les connaître, chose peu vraisemblable,
ces divinités-là, naturellement plus anciennes,
par conséquent plus éloignées des temps et
des lieux où leur nom seul était une lumière,
ces obscures et incertaines divinités furent
généralement moins heureuses que celles
dont on apercevait quelque ombre chez les
voisins.

Le Foronos métallurge des Pélasges avait
été remplacé sans retour par Héphœstos, l'ancien ennemi de Prométhée, car Prométhée,
délivré par Hercule, était réconcilié avec les
dieux. Quant au vieux Foronos aryen, il n'ob-
tint pas en Grèce la moitié autant d'honneurs
que Numa en rendit au vieux Janus du Latium. On ne reconnut pas en lui le frère
d'Uranos. On le prit pour un homme, l'ancêtre des Pélasges, un des plus anciens légis-
lateurs de la commune patrie, et à ce titre
on le mit au rang, mais au plus humble rang
des immortels.

Comme il avait, disait-on, enseigné à la

Grèce sauvage l'emploi, l'entretien et le culte du feu, on appela, en mémoire de lui, le feu sacré « Feu de Foronos », sans se douter que le nom de ce prétendu ancêtre signifiât par lui-même Feu divin ou Dieu-Feu.

En un mot, Foronos fut pour ainsi dire étouffé en Grèce entre Héphæstos et Prométhée. Héphæstos, laid, boiteux, ridicule, devint, selon son droit d'antériorité, le dieu officiel de la fournaise et des arts dont le feu est l'âme, et d'un autre côté toute la gloire, toute la poésie des anciennes luttes pour la conquête de ce feu sacré, de ce feu ouvrier qui change la pierre en métal et le métal en glaive, resta attachée au nom de Prométhée.

§ 7. — La danse pyrrhique.

Cette danse, comme son nom l'indique, se rattache au culte du feu, et comme c'était une danse armée, c'est évidemment au culte du feu ouvrier qu'elle se rattache. Elle rappelle la danse des Corybantes et autres dieux et prêtres métallurges. Mais elle perdit chez les Grecs ce caractère original et, aux temps historiques, ce n'était plus qu'une danse funèbre, qui s'exécutait quelquefois autour du bûcher où l'on brûlait les morts.

Les Gaulois la connaissaient, et elle avait conservé chez eux son caractère antique et sauvage. Le chant si ancien et si curieux du *Barzas-Breiz*, intitulé : «la Danse de l'épée», ne permet guère à cet égard aucun doute.

Ce chant commence ainsi :

« Sang et vin et danse, à toi, Soleil ! Sang » et vin et danse !

» Et danse et chant, chant et bataille ! Et » danse et chant !

» Danse du glaive, en cercle ; danse du » glaive ! »

Il finit ainsi :

« O Feu ! ô Feu ! ô acier ! ô acier ! ô Feu ! » ô Feu ! ô acier et Feu !... »

En relisant cela, je pense, malgré moi,

à Foronos, dieu Soleil, dieu Feu, père de
l'épée.

Mais j'ai fini mon voyage en Grèce; passons en Italie.

XVIII

(Suite du dieu Fur).

VOLCANUS, OU LE DIEU LATIN.

Aucun livre, aucun monument étrusque
ou latin ne parle du dieu Fur. Mais le mot
« fur » était resté en Italie, avec d'innom-
brables dérivés, de formes variées, qui nous
mettront peut-être sur la trace du dieu perdu.

§ 1. — Sens propre du mot « fur » dans la langue
latine.

A prendre le mot en lui-même, « fur » est
une injure. Le mot ne signifie pas *mouche*,
comme en grec; mais, comme en grec, il si-

gnifie *voleur*. De plus, quelque part, dans Virgile, il a le sens d'*esclave* ou de *valet*.

Nous voilà, en apparence, bien loin de l'idée de feu, et surtout de celle d'un dieu Feu. Nous en sommes tout près.

§ 2. — Quelques dérivés du radical « fur » avec le sens de feu.

La liste en est fort longue; je ne l'épuiserai pas.

Uro, je brûle. La consonne initiale est tombée comme dans le grec Uranos, tiré de Varouna. Participe *ustum*; irrégularité qui tend à rapprocher le mot du nom de Vesta.

Urtica, ortie, ou « la brûlante ».

Urina, qu'il est inutile de traduire, et qui emporte la même idée.

Furo, j'enrage, j'étouffe, je brûle de colère. C'est « uro » sans aphérèse; « uro » pris au sens moral. La colère est comme un incendie. Le sang s'allume, le visage s'enflamme; on menace, on détruit. « Ira » n'est qu'une forme d' « ur », radical d' « uro » Feu, en anglais, se dit « fire ».

Furio, irriter quelqu'un, allumer, exciter en lui le feu de la colère.

Furor, fureur; *furia*, furie, et autres dérivés analogues s'expliquent de la même manière.

Furvus, *forvus*, *fervidus*, brûlant, bouillant.

Furnus, four.

Sulfur, soufre.

Furfur, primitivement cendre, suie, et postérieurement son, crasse.

Fulvus, égal à *furvus*, mais avec le sens spécial et définitif de roux, roussi, brûlé, fauve. C'est aussi le sens de « pullus ».

Dans *fulvus* s'est opérée la mutation très-fréquente et très-régulière de la consonne palatale *r*, qui termine le radical *fur*, en la consonne palatale *l*. *Ful* équivaut à *fur*.

Dans *pullus*, la mutation est double. La

consonne initiale *f*, qui n'est qu'un *p* aspiré, a repris le son dur. Pul égale Ful, qui égale Fur.

Fulix et *fuligo*, suie, fumée épaisse.

Fulgur, éclair, foudre.

Fulmen, foudre; *fulminare*, foudroyer.

Fulviana, espèce d'*urtica*; même signification.

On voit par ces premiers exemples que « fur » a eu en latin, au propre et au figuré, le sens de feu; il l'a eu sous la forme de *fur*, d'*ur*, de *ful* et de *pul*.

§ 3. — Autres formes du mot « fur » avec le sens primitif de feu.

Purus, pur, est trop près de la forme grecque πυρ, pour être contesté. Il en est de même de ses dérivés, *purgo, puro, purulentia*, etc. Mais un dérivé moins manifeste, quoique non moins certain, du *pur-us* latin, c'est *puer*, enfant, qui donne, au féminin,

puella. Je fais cette remarque uniquement
parce que le mot *puer* existe, en latin, sous
la forme archaïque de *por* (génit. *poris*).
Por a donc signifié feu, et se retrouve, avec
l'empreinte de ce sens primitif, dans le mot
porrigo, synonyme de *furfur*.

La permutabilité des consonnes n'a peut-
être pas toujours été le privilége de la langue
celtique; elle ne le possède même plus avec
le même empire qu'autrefois; depuis qu'elle
s'écrit, elle tend à se fixer, et le fonctionne-
ment des mutes y est assujetti à des règles
étroites qui en ont détruit la fécondité. Cette
permutabilité des consonnes semble avoir été
une propriété commune à d'autres langues de
l'Europe naissante; elle n'y était pas ce qu'elle
est devenue dans les dialectes celtiques, une
espèce d'ornement; elle y était l'instrument
générateur du langage, et c'est par la substi-
tution de la lettre faible à la lettre forte, de
la lettre aspirée à la lettre faible ou à la lettre
forte, qu'on parvenait à tirer d'une même

racine, exprimant une idée fondamentale,
toutes les idées accessoires ou nuances d'i-
dées contenues dans l'idée mère, et cela sans
la moindre obscurité ; le radical subsistait
et était toujours entendu sous toutes ses modifications. Quand les langues furent fixées,
les peuples brisèrent en quelque sorte l'outil
créateur, et un temps vint où les savants
de Rome, n'entendant plus, pour ainsi dire,
leur propre langue, allaient demander au
grec des explications que le latin même, en
bien des cas, leur eût fournies plus claires
et plus abondantes.

Por ayant en latin signifié *feu*, il n'est
pas étonnant que *for* et *vor* y aient eu la
même signification.

Au mot *forvus*, égal à *fervidus*, que nous
avons déjà cité, il faut ajouter *formus* et
formidus, chaud. D'où *forma*, apparence,
beauté ; sens voisin de celui de *pulchritudo* ;
formare, créer, disposer, donner la forme,
propriété essentielle du feu, attribut essen-

tiel du dieu Feu; *formido*, spectre, terreur; *formidare*, craindre.

Je suis fort tenté de croire que le mot *forum* a la même origine; c'était le foyer commun de la ville ou de la bourgade; on s'y assemblait pour les sacrifices, et après le sacrifice on y décidait de la guerre ou de la paix. Le *Forum* romain était situé, en effet, tout près du temple de Vesta.

On appelait « *formiæ* » les ports de mer, les rades, sans doute à cause des feux allumés, en guise de phare, sur les rives propices.

Forare, percer, nous mène à *vorare*, dévorer, engloutir, qui exprime dans toute sa violence l'action du feu.

Je m'arrête là, car ce dernier mot va nous donner la clé du sens propre resté, en latin, au mot *fur*.

§ 4. — Pourquoi *fur* signifie voleur, et pourquoi il signifie esclave, serviteur.

Fur est devenu synonyme d'esclave, de

serviteur, parce que ce mot signifiait, à une
certaine époque, le feu captif, le feu obéis-
sant à la main de l'homme, et non le feu du
ciel. On le considérait comme un démon devenu esclave de l'homme et exécutant ses
volontés. *Fur* est devenu synonyme de larron, parce que tout ce que le feu touche
disparaît comme si quelqu'un l'avait emporté. Il s'agit ici du feu, considéré comme
agent de destruction, et peut-être aussi comme
instrument de spoliation et de violence, car
il n'est pas douteux qu'il ait dès le commencement servi à cet usage. L'invention du feu
marque dans les légendes la fin de l'âge d'or.
C'est pourquoi *fur* a gardé en latin, sous
cette forme, le sens déterminé de voleur, de
spoliateur, analogue au fond à celui qu'ex-
priment, sous une autre forme, les mots latins
vorare et *vorax*.

§ 5. — Vestiges mythologiques du culte de Fur.

Ces vestiges abondent.

1° Furiæ. — Les *Furiæ* étaient peut-être, chez les Sabins, les filles de Fur, de même que les Gorgones, avec qui elles ont une certaine ressemblance, étaient, chez les Pélasges, les filles de Forcys. Elles habitent l'enfer, comme les Erynnis des Grecs, à qui elles ressemblent tout à fait. Elles punissent les crimes des hommes, et principalement le parjure, sans doute à cause du secret jadis imposé aux initiés du sanctuaire de Fur.

2° Fulgora. — Déesse des éclairs.

3° Feronia. — Elle protégeait les frontières et les travaux des champs, et quoiqu'elle eût beaucoup d'autels, elle est très-peu connue, tant elle est ancienne. Des traits singuliers la rattachent à Fur et à ses antiques mystères. Elle présidait aux apparitions ; ses prêtres pouvaient, dit Strabon, marcher, pieds déchaux, sur des charbons ardents, sans se brûler. Les Volsques l'avaient surnommée Juno Virgo (et l'on sait que Juno était l'image du feu femelle). Son temple, en Étrurie, était voisin de celui d'Apollon Soranus, et Preller remarque que son culte était souvent associé à celui du soleil. Son nom est, ce me semble, le féminin à peine altéré de celui de Foronos. Elle était déesse des affranchis, ce qui n'affaiblit point l'hypothèse de sa proche parenté avec ce dieu.

4° Furina. — Autre divinité des temps primitifs et dont la légende était presque entièrement oubliée. On la confond quelquefois avec Laverna, déesse des voleurs, fait à noter et sur lequel, un jour, nous reviendrons. Il y avait, d'ailleurs, plus d'une Furina, et l'une d'elles avait à Rome, dans le Transtevere, un bois sacré. C'étaient, dit

Preller, des « déesses infernales, sombres et
» noires ;... mais on savait peu de chose de
» ces vieilles divinités, et Cicéron les rap-
» proche des Furies, dont le nom est évi-
» demment de la même famille » (1). Cela
est très-vrai. Mais s'il y a là une famille de
noms divins, elle a nécessairement sa racine
dans le nom divin de Fur, ce que l'illustre
mythologue allemand n'a pas aperçu.

Quelque oubliée que fût l'histoire de Furina, on continuait à chômer les fêtes de la
déesse ; elles tombaient au cœur de l'été, le
25 juillet ; on les appelait Furinalia.

5° ORCUS. — Son nom primitif était, dit-
on, Vragus (2), nom dont le radical est
celui d'*urere*, et n'est, par conséquent,
qu'une forme de fur. Cette étymologie très-
naturelle explique mieux la légende que
toutes celles qu'on a proposées jusqu'à ce

(1) *Mythologie romaine*, p. 318.
(2) *Ibid.*, p. 315.

jour (1). Orcus est égal à Forcus et remet
en mémoire le mystérieux père des Gorgones.
C'était, dans l'antique Latium, le dieu de la
mort; il tuait les hommes, comme un voleur,
par derrière. Il régnait, comme Pluton et
probablement avant lui, sur le monde infernal, par conséquent sur les Furiæ et les
Furinæ dont son nom le rapproche. Les
Étrusques l'appelaient Charun, et le repré-
sentaient comme Sethlans, leur Vulcain,
armé d'un marteau; mais c'était le marteau
de la destruction. Orcus était donc le symbole du feu souterrain, infernal, homicide,
et Vulcanus (le même personnage sous un
autre aspect) le symbole du feu utile, créateur et organisateur (2).

6° FORNAX. — Déesse du four ou de la
fournaise; patronne des céréales après la

(1) Je ne puis accepter celle de Preller, qui explique
Orcus ou Uragus par ερκος, enclos.
(2) Les Latins avaient, de toute antiquité, surnommé
Orcus Dis Pater, et le confondaient absolument, sous cette

moisson. C'est Numa qui avait institué ou restauré son culte.

7° FORCULUS. — Nous avons dit que *forum* dérivait de *fur*, dieu feu. *Foris* était devenu, comme *janua*, synonyme de porte, et il y avait un Forculus, dieu-porte comme Janus, mais moins célèbre.

§ 6. — Volcanus.

Il ne faut pas épuiser la matière. Arrivons à Vulcain.

Après ce qui précède, je crois qu'il ne peut rester aucun doute sur le sens du radical Vol ou Vul; évidemment, c'est ici, de même que Ful (de *fulmen*), une forme de

dénomination, avec Pluto. Or, les Gaulois prétendaient descendre d'une divinité que César a prise pour Dis. Le nom inconnu de ce dieu gaulois ressemblait peut-être à celui d'Orcus, *orcadh* signifiant, en irlandais, *tueur*, *exterminateur*. (Voir le *Glossaire* de M. de Belloguet, art. ORGETORIX.)

Fur. Dans ful, la consonne finale, perdant le son guttural, s'est muée en *l;* dans Vul, l'aspiration initiale s'est adoucie. Nuances phoniques, exprimant peut-être à l'origine des nuances d'idées, mais sous lesquelles subsiste l'idée fondamentale de feu. Et qui pourrait s'étonner de rencontrer l'expression de cette idée dans le nom d'un dieu-feu?

Il est plus difficile, j'en conviens, d'expliquer le second élément du nom divin.

J'écarte, quoique spécieuses, deux étymologies helléniques, Volcanus étant antérieur à l'épanouissement de la Grèce et à l'expansion de ses colonies ; le nom du dieu appartient à l'Italie pélasgique. J'hésite, toutefois, à proposer, comme éclaircissement, le latin *canus,* qui signifiait à la fois blanc comme neige, et emportait ainsi l'idée de pureté, et blanchi par l'âge, emportant ainsi l'idée de vieillesse. *Cana fides,* dans Virgile, c'est l'antique bonne foi ; *cana veritas,* dans Varron, c'est la vérité sans tache. Si l'on

osait interpréter par là le nom de Vol-canus,
ce nom signifierait ou « le feu blanc et pur »
par opposition au feu sombre d'Orcus et des
Furies, ou mieux encore « le vieux Fur »,
par opposition peut-être au culte relativement plus nouveau de Vesta, l'Hestia des
Grecs, selon le témoignage de Cicéron.

Fur était, en effet, le dieu primitif du
Forum ; il y avait même, je le remarque à
présent, conservé un autel. Vesta, comblée
d'honneurs par Numa, lui enleva une partie
de ses attributs ; elle devint la personnification du feu sacré et du feu domestique ; elle
eut son temple et son collége de prêtresses
sur le mont Palatin ; mais Fur ne fut pas
oublié ; il devint dès lors Vul-canus, le vieux
Fur, et quoique réduit officiellement au rôle
de forgeron, on voit qu'il conserva dans les
croyances populaires, comme dans les vieilles
légendes, tous les caractères auparavant confondus du dieu feu, c'est-à-dire les caractères d'Orcus, feu destructeur, d'Agni ou

de Vesta, feu sacré, feu conservateur, de Foronos ou Prométhée, feu créateur, et d'Héphœstos, feu artisan (1). Le foyer public allumé en son honneur dans le Forum, et d'où le Forum même tirait son nom, continua à servir de point de ralliement à ces solennelles assemblées du peuple romain, que rien ne pouvait dissoudre qu'un éclair. Ce foyer public, la vieille langue n'étant plus entendue, avait emprunté à Volcanus, c'est-à-dire au vieux Fur qu'on y adorait, le nom particulier de Volcanal. C'était bien là, en effet, l'antique Forum, et le lieu même où, suivant la tradition, s'était consommée l'alliance des Sabins avec les Romains. « Le Volcanal, dit Preller, était le foyer consacré du comitium ».

Si cette étymologie toute latine, et certainement incontestable, quant à la première syllabe du nom, laissait pour le reste quel-

____

(1) Voir Preller, *Mythologie romaine*, p. 360.

que incertitude, on trouverait peut-être dans le celtique une explication plus simple, quoique également douteuse, je l'avoue.

Le mot *fur* est, en celtique, escorté de nombreux dérivés.

Parmi ces dérivés, on trouve *furf*, que le glossaire breton du IXe siècle traduit par forme (1). De là, pour le dire en passant, le français « fourbir », c'est-à-dire polir, rendre luisant, et plus particulièrement donner la dernière façon à une épée; fourbisseur était, au moyen âge, synonyme d'armurier. De là aussi, par métaphore, « fourber » c'est-à-dire mentir, donner aux choses une apparence trompeuse ; au faux, l'air et l'éclat du vrai.

On trouve, en outre, dans l'armoricain, parmi les dérivés de *fur*, « forc'ha », former,

(1) Le *forma* latin, apparence, beauté, forme, me paraît dérivé lui-même de *formen*, mode primitif de *fulmen*, éclair, apparence, beauté, dieu qui donna l'apparence et la forme aux choses.

qui, sauf erreur, ressemble à notre mot *forger*, bien plus que le latin *fabricare*. Rapprochez de *forc'ha* le vieux mot français fourgonner, avec ses deux sens : 1° nettoyer, fourbir, comme le dérivé de *furf;* 2° tisonner, remuer, arranger le feu. Les Latins appelaient *forceps* (chef ou régulateur du feu) les tenailles de forgeron et les pincettes du foyer; *furca*, la fourche à deux dents, un des attributs de Pluton, un des symboles de la foudre, et la première ébauche du *forceps* (1).

« Furca », en celtique « fourc'h », nous ramène à « forc'ha », former, disposer, et nous donne l'idée d'un antique radical composite *furc* ou *forc* (2), commun aux deux langues, et signifiant vaguement quelque chose comme feu formateur, feu en travail, forge.

---

(1) On disait aussi *forfex*, qui peut s'expliquer par le celtique *furf*, ou par le latin *for-ficare*, faire le feu.

(2) C'est ce même radical qui a donné *fulgor* et *pul-cher*

Ne serait-ce pas là, en définitive, la meilleure explication du nom de Volcanus?

Je soumets humblement mes doutes aux juges compétents. Un seul point, je le répète, me paraît assuré, et mis, par ce travail, en pleine évidence, c'est que ce nom mystérieux a sa source première dans celui de Fur-anos ou For-onos, le dieu feu des premiers Pélasges voyageurs.

XIX

(Suite du dieu Fur).

LE DIEU GAULOIS.

Je ne crois pas que Forcan ou Forcanos fût, en Gaule, avant la conquête romaine, le nom officiel et consacré de cette divinité ; je crois que les Gaulois l'adoraient sous son nom élémentaire de Fur, avec le sens de sage et de prudent (1).

Voici un des indices qui me le persuadent. Le vieux glossaire breton de l'an 882 donne le mot *purcheniat* et le traduit par enchanteur. Cela ne se comprendrait guères, si *purcheniat* n'était au fond la même chose que Fur-keniat, chantre de Fur, prêtre magicien. De nouveaux indices viendront plus tard justifier cette conjecture.

Je voudrais auparavant établir que ce dieu Fur, dont nous avons si laborieusement cherché les traces en Grèce et en Italie, était, dans les Gaules, ce qu'il fut dans la Grèce pélasgique et l'Italie pélasgique, le dieu de la métallurgie.

A défaut d'autres monuments, c'est par la recherche et l'étude comparée de quelques

_____

(1) On retrouve, en latin, ce sens du mot *fur* dans le nom du renard qu'on appelait *vulpes*, pied prudent. C'est, du reste, ce que signifie à peu près le grec ἀλώπηξ, qui vient d'ἀλέω, fuir, éviter.

mots bien vieux, quoique toujours vivants,
que l'on peut arriver à cette découverte.

§ 1. — Que *foronos* est le prototype du latin *furnus*.

On se rappelle que *foronos* avait, entre
autres significations chez les Pélasges, celle
de feu captif. Rien n'est plus commun chez
les anciens et même chez les modernes, que
ces mots à plusieurs aspects, ou, si l'on veut,
que cette appropriation d'un même mot à
plusieurs idées généralement voisines, parfois éloignées ou contraires.

On se rappelle aussi que les Grecs, après
leur mélange avec les Pélasges vaincus et
longtemps asservis, ne reconnurent point la
divinité de Foronos, le prenant pour un homme
inventeur du feu, instituteur du feu sacré.

L'antique dieu eut dans l'Occident meilleure chance. Je n'ai pas dit, car on ne peut
tout dire, de combien de divinités il peupla
le ciel et l'enfer, de combien de mots il peu-

pla les langues de l'Italie et des Gaules. Mais tout annonce qu'il fut en Italie adoré comme feu captif, sous le nom contracté de Fornus ou Furnus, nom qui finit par exprimer trois choses à la fois : premièrement, le dieu invisible; secondement, le feu visible contenu dans le réceptacle, c'est-à-dire le brasier lui-même ou la fournaise ardente; troisièmement, le réceptacle, c'est-à dire le four, le fourneau.

De là une confusion qui amena sous Numa, et peut être avant lui, la transformation du dieu Fornus en déesse Fornax, genre de métamorphose assez fréquent dans la mythologie. Mais la même cause agissant, la confusion plus tard se rétablit. C'est pourquoi *Fornax* est en latin et le nom de la déesse et le nom des fours et fournaises mis sous sa protection. *Fornus*, au contraire, plus ancien, n'a plus, avec *furnus*, que le sens tout matériel de four, fournaise, fourneau.

§ 2. — Double sens de *furn* dans le celtique.

Forn a, dans les idiomes celtiques, la même signification matérielle que *forn-us* a dans le latin : c'est le four, le fourneau, la fournaise.

Cette modification de *fur* a de plus, dans le celtique, une signification morale très-élevée qu'elle n'a pas dans le latin : *furnez* est, en armoricain, le nom même de la Sagesse, de la Prudence, et aussi de la Chasteté, de la Pudeur, de la Pureté de l'âme et du corps.

Chose curieuse ! Tandis que la religion romaine adorait encore avec terreur dans les Furiæ, les Furinæ, etc., une sorte de postérité sacrée du dieu Fur, la langue latine n'accordait plus au mot fur et à ses dérivés (1) qu'un sens profane, matériel, grossier, sou-

(1) Il faut en excepter les dérivés sous la forme grecque de *pur*, tels que *purus*, *purifia*, *puro*, etc.

vent injurieux (1). Les rapports naturels entre les vieilles croyances et la langue étaient devenus méconnaissables.

Tout au contraire, voilée, presque inconnue, la mythologie gauloise ne nous apprend rien ; mais c'est dans les débris de la langue gauloise qu'apparaît la sainteté primitive du nom de Fur et de ses dérivés.

§ 3. — D'où vient le nom gaulois du fer.

1. Je ne sais d'où vient le mot latin *ferrum ;* peut-être est-ce d'une déviation de *fur*, semblable à celle de *fervidus ;* dans tous les cas, j'ose affirmer et je vais essayer de démontrer que le nom celtique du fer vient de *forn.*

Les Armoricains appellent le fer *houarn* et *heirn ;* les Gallois écrivent *haiarn* et *haéarn ;* les Irlandais, *hiairn.*

Ces diphthongues qui nous effrayent se ré-

(1) *Furtum*, vol ; *fornix*, lieu de débauche, etc., toutes idées opposées à celles du celtique *fur* et *furnez.*

duisent dans la prononciation, comme cela
a lieu pour le grec, à un son généralement
simple. Les voyelles, d'ailleurs, n'ont pas,
pour l'intelligence des mots, une importance
radicale ; dans les langues fixées, elles peu-
vent marquer des nuances de sens ; dans les
langues vivantes et encore flottantes de l'antiquité, et aujourd'hui même dans nos patois,
on les voit varier d'un lieu à un autre dans
un même mot, expression de la même idée.
Ce sont donc les consonnes qui constituent
en quelque sorte la matrice du mot et sa
charpente osseuse toujours reconnaissable.
Hourn, horn, hern, harn (je me borne à ré-
duire ici les diphthongues), voilà, sous quatre
formes provinciales partout faciles à com-
prendre, le nom gaulois du fer.

Cela posé, je prétends que *horn* vient de
forn, *hourn* de *fourn*, etc.

Forn, en effet, n'était pas seulement le four
où l'on cuit le pain ; c'était encore la fournaise où les initiés transformaient par la fu-

sion le minerai en métal; le métal en soc de charrue, en faucille et en glaive. Le fer est donc, dans la langue imagée des anciens, le fils de la fournaise. De là la parenté des noms. *Forn* désignait le réceptacle du feu, l'appareil inventé pour en activer l'action; *horn* désigna une des productions les plus utiles et les plus merveilleuses du feu captif dans le fourneau, le fer.

Entre *forn* et *horn*, toute la différence gît dans une aspiration plus ou moins sensible, qui aide à distinguer le produit même, *horn*, du lieu de production, *forn*.

II. — Il est extrêmement probable que ce nom gaulois ou pélasgique du fer fut connu et eut cours dans l'antique Italie, car il y a laissé, si je ne faux, plus d'une trace; une trace sanglante dans *volnus* ou *vulnus*, blessure, coupure, plaie du fer, et *vulnerare*, blesser; une trace brillante dans *ornamen*, *ornare*, qui semblent avoir eu dans l'origine exactement le même sens que le vieux français *harnais*, équipage de guerre, parure du chef, *harnaché*, couvert de fer, paré pour le combat, puis tout simplement paré ; une trace ethnologique dans le nom d'un vieux peuple du Latium, les *Hernici*, c'est-à-dire les guerriers aux armes de fer ; des traces géographiques dans le nom de Vérone (les Allemands disent Bern), ville fondée par les Gaulois dans un pays houiller et très-riche en métaux, et peut-être enfin dans le nom de l'Arno, rivière d'Étrurie, qui baigne une contrée de tout temps célèbre par ses fonderies et ses forges.

III. — Ces indices géographiques sont encore plus communs dans les Gaules. Je n'hésiterais pas à expliquer ainsi le nom des Arverni (Ar-Ouerni), que je crois identique pour le sens avec celui des Hernici du Latium ; celui de la ville belge de Hornes, dans l'ancien pays des Gagerni, dont nous avons déjà parlé, si abondant en fer et en houillères ; le nom de Hornsey, chez les Bretons insulaires, et là encore le vieux nom de Horncastl, ville où sont des ruines romaines. J'expliquerais en- core ainsi : Bernay, jadis Bernacum, Ver- neuil, Vernon, Concarneau (Eure) ; Verny, autrement nommé Pournoy, et Darnay (Moselle) ; Vernoux (Ardèche) ; Hornoy (Somme) ; Verneul (Nièvre) ; Ornans (Doubs) ; Arnay et Sombernon (Côte-d'Or) ; la Baulme des Arnauds et Savournon (Hautes-Alpes) ; Saverne et Obernay (Bas - Rhin) ; Ernée (Mayenne). En chacune de ces localités, vous trouverez du fer ou de la houille, ou d'an- ciennes forges. C'est pourquoi j'expliquerais encore ainsi, sans hésiter, Valernod (Rhône) ; dans le Jarez oriental ; ce bourg appartient, avec Goiffieu, à l'antique *ager gofianensis*, c'est-à-dire l'*ager* des *gofs* ou forgerons. Et comment expliquer autrement Béarn, jadis Beneharnum, pays métallifère, particulière- ment riche en minerai de fer ? Comment expliquer Gabernie (Bigorre), et Arneguy (Navarre), où le fer s'exploite de temps

immémorial ? Ce qu'il y a de curieux, c'est
que Arneguy (Houarn-gag) n'est que le ren-
versement de Gabernie (Gag-houern). Ce
qu'il y a de plus curieux encore, c'est que
ce nom de Gabernie, qu'on trouve dans les
Pyrénées, se retrouve aux bords du Rhin,
chez les Gagerni, et en Bohême, ancienne
station des Gallo-Boïes, où s'élève le vieux
bourg de Jagern-dorf.

L'Arnon est une rivière de l'ancien pays des
Bituriges, ces grands métallurges gaulois.

L'Ornain, autre rivière, passe à Gondre-
court, à Joinville, pays de forgerons, où
le fer abonde. L'Orne, autre rivière, donne
son nom à un département également riche
en minerai de fer.

Encore un exemple, un seul, mais très-
curieux, et qui confirmera, s'il en était
besoin, l'intime parenté que j'ai voulu établir
entre *horn* et *forn*.

IV. — Il y a en Espagne une ville célèbre
par ses eaux ferrugineuses ; elle est située du

côté de Badajoz, dans une province riche en métaux, et il est à remarquer que cette province appartient aux descendants des Celtici.

Supposons que les Celtes, ses anciens habitants, aient nommé cette ville Hornach : tous les Gallois comprendront à l'instant que ce mot signifie « eau de fer », et dans chaque contrée où vit encore un dialecte celtique, tout paysan comprendra que l'idée de fer est associée au nom toujours populaire et toujours gaulois de cette ville, car elle s'appelle en espagnol Hornachos.

Or, les Romains avaient traduit ce nom par Furnaci, soit parce qu'ils n'avaient pas d'autre moyen d'exprimer dans leur langue cette aspiration gutturale que l'Espagne donne à la lettre *h*, soit parce qu'il y avait en ce lieu des fourneaux pour chauffer les bains ou pour le travail des métaux. Peut-être ont-ils cru que *Hornach* était synonyme de *Fornax*, et dans ce cas, s'ils se trompaient, c'est de bien peu.

§ 4. — Erratum entre parenthèses.

Il est encore temps de réparer ici une omission.

J'ai dit que le mot *fur* qui, dans les dialectes néo-celtiques, n'a plus qu'un sens moral, avait certainement servi aussi, dans les Gaules comme en Italie, à désigner le feu matériel ; mais je n'en ai fourni aucune preuve.

A la vérité, le fait est si ancien que les preuves en sont très-rares. Il faut néanmoins les produire, et comme mes moyens d'information sont très-bornés, je ne les ai trouvées que dans le français.

J'écarterai, bien entendu, tous les mots français qui ont leur équivalent exact dans un mot latin. Mais je ne puis écarter le mot FOUR, qui, privé de la consonne finale *n*, élément radical du gaulois *fourn* et du latin *furn-us*, se rapporte directement à *fur*, avec le sens de feu. Gardons aussi *fourrure* (ce qui réchauffe) et ses congénères.

Le vieux français nous fournit *feurre*, *fouare*, *foare*, en latin *stramen*, paille à brûler, sarments pour allumer le feu; *furolles*, étincelles, flammèches, feux follets, feux Saint-Elme. Je demande la permission d'y joindre *foyer*, qui me paraît plus près de *fouare* que du latin *focus*. En patois wallon, *furé* (1) signifie brûlé. Enfin, la *farandole* était jadis et est encore, en certains lieux, une pyrrhique; celui qui conduit le chœur porte une torche à la main.

Voilà jusqu'à présent les seuls vestiges du mot *fur* que j'aie pu trouver dans la Gaule, avec le sens de feu matériel; c'est peu, mais c'est assez.

§ 5. — Conclusion de ce qui précède.

De tout ce qui précède on peut, je crois, conclure que Fur, le Sage, le Prudent, le

____

(1) Grangagnage, *Diction. du patois wallon.*

Pur, était, chez les Gaulois, non-seulement le dieu du feu captif, le dieu du foyer, comme Vesta, le dieu du four, comme Fornax, mais encore le dieu de la forge, comme Volcanus.

Connu chez les Gagats sous le nom de Furanos, il devait, ce nom l'indique, se rapprocher du type pélasgique de Foronos, bien plus que du type latin de Volcanus, lentement modifié à l'image d'Héphæstos.

Il était en Gaule le patron naturel des confréries de mineurs, fondeurs, orfévres, armuriers, forgerons. Parmi les localités où on l'adorait, plus d'une sans doute lui devait son nom ; plus d'une aussi a dû conserver les traces de ce nom et serait, à ce signe, facile à reconnaître.

N'y a-t-il pas, en effet, à Four, dans la Nièvre, et à Fourchambault, même département, des mines de houille et de fer, et des forges célèbres ? N'y aurait-il pas d'anciennes forges à Fourmies (Nord) et à Fourcès (Gers) ?

Sans sortir de notre Loire (1), on voit à Cha-
zelles-sur-Lyon, frontière du Jarez, un mont
Furon, non loin de là un vieux hameau des
Farges, et partout aux alentours d'anciennes
mines de plomb (2), d'argent (3) et de cuivre (4). Fur avait donc en ces cantons plus
d'un autel. Les mineurs et fondeurs de Sainte-
Foy l'Argentière, de Saint-Genis l'Argen-

(1) Je pourrais signaler de semblables indices dans les
îles Britanniques et jusqu'en Italie. Il y a, par exemple,
dans le Napolitain, une ville de Forli qu'il ne faut pas con-
fondre avec le Forum Julii ; cette ville de Forli est justement située dans le voisinage d'une autre ville appelée
Isernia, dont le nom rappelle celui d'Alesia Isarnodurum,
Alise aux portes de fer, dans le Bugey. *Iscrn*, *Isarn*,
paraît être une modification d'*houarn*, fer.

(2) Paradin, manuscr. de la Biblioth. impér., vérifié par
Aug. Bernard. (Voy. *Description du pays des Ségusiaves*,
p. 15 et 16.)

(3) Plomb argentifère, dont on extrayait l'argent, notamment à Saint-Genis l'Argentière, qui est à une lieue
environ du mont Furon.

(4) Les filons de plomb et pyrites de cuivre abondent
encore dans la contrée. (Voy., dans l'*Annuaire adminis-
tratif du département de la Loire*, 1847, l'excellent travail de M. l'ingénieur Gruner sur la géologie de ce département.)

tière, d'Iseron (*isarn*, fer, en vieux teuton), l'adoraient dans une montagne métallifère, ou du moins située, comme le mont Fura du pays d'Ophir, au centre d'un pays métallifère ; les Gagats, étant forgerons, devaient l'adorer dans leur ruisseau, et quand ils avaient, selon le rituel, plongé dans ses eaux frissonnantes l'épée rouge, ils se persuadaient que c'était le dieu lui-même qui, par une intervention miraculeuse, ajoutait au fer des propriétés nouvelles.

De là, n'en doutez point, la vieille réputation des eaux de Furan.

XX

(Fin du dieu Fur.)

DERNIÈRES TRACES DE SON CULTE. — LE FURET.

I. — Où est-il à présent le dieu Fur ? S'il a tenu bon devant l'invasion des dieux gréco-latins, il a certainement disparu devant le dieu de Nazareth. A quelle époque précise? on n'en sait rien; mais, à en juger par la longue résistance de Jana ou la Lune, encore invoquée dans nos bois, on s'en souvient, vers le xie siècle, il pourrait bien n'être parti qu'avec elle. Il n'est même pas parti sans retour, et si cela vous agrée, on vous dira ce qu'il est devenu.

Dans le Jarez comme dans le reste des Gaules, le dieu tombé est devenu un diable : c'est le Furet.

II. — Le Furet est un lutin familier, remuant, espiègle, goguenard, qui s'amuse à cacher le marteau du forgeron, à embrouiller l'écheveau de sa femme, attise le feu qu'on veut éteindre, éteint le crisiô qu'on vient d'allumer. Le jour des noces, quand la mariée s'habille, il lui glisse sous la main, pour attacher son corsage, de belles épingles de sa façon, qui, à la porte de l'église, ô trahison ! se détachent toutes à la fois. Comme on le

battrait si on le voyait ! Mais on ne le voit
pas. On l'entend seulement rire de ses ma-
lices. Curieux avec cela, comme tous les
savants, et comme eux distrait et sans beaucoup d'ordre, le Furet s'en va fouillant dans
tous les bahuts, dans toutes les armoires,
dans tous les tiroirs, et linge, bagues, mon-
naie, bouts de ruban, fleurs desséchées, secrets trésors, y met tout sens dessus dessous.
Les clefs n'y sont rien, il en fabrique.

III. — C'est de cette habitude indiscrète
du Furet et non, comme on le croit, du latin
furari, voler, qu'est venu le mot « fureter ».
J'en trouve la preuve dans l'armoricain *fir-
bouc'ha*, qui rend la même idée. Mais cette
preuve a besoin d'être éclaircie.

Rappelez-vous donc le lutin Puck du
Songe d'une nuit d'été, et le nain Poucet des
Contes de ma mère l'Oie. Ils sont proches
parents. *Bwg*, en gallois, et *puka*, en irlandais, c'est un esprit, un fantôme, un être
surnaturel. Or, nous retrouvons ce *bwg* gal-

lois, ce *puka* irlandais, dans l'armoricain *fir-bouc'h*, fureteur (radical du verbe *firbouc'-ha*). Le mot *Fir-bouc'h* [autrefois sans doute *Fur bouc'h* (1)] signifie donc littéralement l'esprit Fur, le nain Fur, le Furet.

La question me paraît jugée. L'idée latine de *fur*, *furari*, *furator*, n'entre point dans le prétendu dérivé français. L'idée française répond à l'idée armoricaine et le mot qui l'exprime nous met, dans les deux langues, en face, non d'un larron vulgaire, mais d'un être mythologique, remuant et curieux.

IV. — Il ne faut pas croire que le Furet soit toujours invisible : il se montre quand il lui plaît, tantôt sous la forme des *furolles* ou feux follets, tantôt sous la forme d'un nain, c'est-à-dire d'un Puck ou d'un Poucet. Que de bonnes gens autrefois l'ont vu gambader à la Croix des Courètes, par un beau clair

(1) Je rappelle que *fire*, en anglais, veut dire feu. *Fir* et *fur* sont donc fondamentalement le même mot.

de lune, avec son ami Pol le mineur, et tous les gobilins et poulpiquets de la contrée (1).

En quelques provinces de France, on l'appelle le Furon (2) ; ailleurs le Furfadet (3), c'est-à-dire Fur le Sorcier, Fur-fée.

V. — Il existe une espèce de marte qu'on

(1) Sans compter les ijins ou djins, et les silfs ou elfs des bois qui devaient leur faire compagnie. Sans compter le *Babô* et le *Cular*, dont je n'ai pas eu occasion de parler, et dont la mémoire vit encore chez les Gagats. — On donne quelquefois au Babô (c'est la baboue de Rabelais) la figure d'une bête fauve, et quelquefois la figure d'un enfant. C'était sans doute aussi un dieu déchu, et comme son nom semble l'indiquer, un nain ou *mab*, ou par permutation de l'initiale, un *bab* (*baby*, en anglais ; *bébé* et *bibi*, en français). — Quant au *Cular*, on nous le peint aussi sous la forme d'un nain, portant sur le dos une lanterne, non pour guider, mais pour égarer les passants. Ce nom serait-il, par hasard, un débris de celui d'Hercule Arus, une des principales divinités des Ségusiaves ? L'Hercule Gigon, des Phéniciens, était aussi un nain.

(2) Notamment dans la haute Bretagne et les provinces de l'ouest. Ce nom, qui est celui de la montagne de Chazelles, est bien près de Foronos.

(3) Farfadet n'est visiblement qu'une forme de furfadet. Aussi *farfouiller* a-t-il, en français, le même sens que *fureter*.

a, au moyen âge, surnommée le furet. Animal carnassier, puant, mais très-agile, toujours en chasse, et grand ennemi de Jean Lapin. Les Latins l'appelaient *viverra*, le glossaire breton du ixe siècle l'appelle *yogen*, ce qui est sans doute son véritable nom celtique. Mais les bas Bretons ont adopté *fured*, diminutif de *fur*, qui peut signifier le rusé.

Le dieu *Fur* était le Sage; métamorphosé en démon, il devint le Rusé, et pour le rendre plus odieux, on l'envoya, par exorcisme, habiter le corps d'une méchante bête qui prit son nom.

VI. — Avec le culte du dieu Fur tomba le respect qu'on avait pour ses derniers prêtres. C'étaient ces magiciens que les Bretons du ixe siècle appelaient, nous l'avons déjà dit, *Purkeniat* ou Chante-Fur.

Il est assez curieux de retrouver, dans le patois des Gagats, un vieux mot, à peine altéré dans sa structure primitive, qui doit avoir jadis rendu la même idée : c'est le mot *chantforni*. Il signifie, non pas magicien, mais ennuyeux, pleurard, chanteur monotone, radoteur. Ce sens injurieux se sera fixé dans la mémoire populaire, après la complète décadence de l'ordre, quand les chantres de Fur n'étaient plus que des musiciens errants et mendiants.

VII. — Ils étaient tombés, en Armorique, dans un profond mépris. Le mot *furlukin* y devint et y est resté synonyme de charlatan et de bouffon. Or, ce mot signifiant, à l'origine, Fur le Brillant ou lumière de Fur, et, dans les dialéctes modernes, Sage Brillant ou lumière du Sage, il est évident que l'idée de charlatan et de bouffon, à présent liée à l'expression de *furlukin* (1), s'appliquait aux chanteurs, aux magiciens, aux Furkeniat, aux prêtres, non au dieu.

(1) De là le mot *freluquet*, qui a pris, en français, le sens de damcret. Le freluquet est une autre espèce de

VIII. — J'ai fini l'histoire de Fur : que ceux qu'elle a ennuyés me le pardonnent ! Il me reste à parler du bourg dont il était le patron.

XXI

LE BOURG DE FURAN.

I. — Le bourg de Furan était situé, non, comme on le croit, sur le mont Dore, mais au plus profond de la vallée, tout auprès du ruisseau dont le dieu caché protégeait son industrie.

II. — C'est sur la rive gauche de la « mère rivière » (1), entre la rue Saint-Jacques et le

bouffon et de charlatan, qui cherche à attirer, par sa toilette, les regards des femmes. De là encore *fanfreluches*, atours du *furlukin*. On dit, en notre patois, *fanfarluchi* ; en italien, *fanfaluca*, qui a aussi le sens de flammèches.

(1) Le Furan se divise en deux branches. La moindre s'appelle « lou bia », c'est-à-dire « le petit », du celtique

pré de la Foire, qu'est le vrai berceau des Gagats. Il est étrange qu'on l'ait complétement oublié, car, dans les actes authentiques du xvie siècle, le lieu est encore appelé, en toutes lettres «bourg de Furan» (1).

Aux temps lointains dont nous recherchons les traces, il était, comme on l'a vu, presque perdu au fond d'un bois sacré. Mais les clairières d'alentour étaient également habitées. On a déjà parlé du hameau de l'Eurton, sis au pied du Grenis, sur le Chavanelet, et du hameau de Tarantaise, près du Clapier.

«bihan». La principale branche se nomme « la mère rivière », ou bien encore « la mâre de Feron », c'est-à-dire « la mère de Furan ».

(1) *Quasdam domos altas et bassas, fornile, grangiam, curtem, ludum stophi, columbarium et hortum contiguos, sitos* EXTRA VILLAM SANCTI STEPHANI, IN BURGO FURANI, *juxta pratum nundinarum ex vento* (*). (Terrier seigneurial de l'an 1515, dit terrier Paulat.) — La Tour-Varan, *Châteaux et Abbayes*, t. II, p. 415.

(*) *Certaines maisons hautes et basses, avec fournil, grange, cour, jeu de paume, pigeonnier et jardin contigus, le tout situé* HORS DE LA VILLE DE SAINT-ÉTIENNE, DANS LE BOURG DE FURAN, *joignant, au nord, le Pré de la Foire.*

On pourrait voir encore le développement d'un petit masage gaulois, dans le vieux quartier de Roanel (1), dont le nom signifie « gué » (2).

Mais bien que moralement sûr qu'il existait, dans le voisinage du bourg, d'autres groupes d'habitations, composés d'un petit nombre de feux, je ne me hasarderais ni à les nommer ni à déterminer leur emplacement.

III. — Il m'est impossible, cependant, de ne pas remarquer au-dessous de la ville, près

(1) C'était, au XVᵉ siècle, un modeste faubourg. Il est nommé dans le terrier de 1515. Mais son nom est tout celtique comme celui de Tarantaise. Roanel, d'ailleurs, n'est point sur la route de Roanne, non plus que Tarantaise sur la route du Tarantaise des montagnes.

(2) De *rod aon,* passage du ruisseau, gué. Il y avait là, en effet, un ruisseau, tributaire du Furan, aujourd'hui partout recouvert, mais autrefois très-dangereux par ses débordements. (Voy. Hedde, *Saint-Étienne ancien et moderne.*) Le *d* final de *rod* disparaît dans tous les dérivés français ; *Rodumna,* Roanne, Rotomagus, Rouen, etc. — Roanel est donc très-positivement un nom celtique.

des Roches, sur la rivière, un lieu que, dans mon enfance, on appelait encore « le Trève ». Il y avait-là trois ou quatre maisons.

Je m'arrête à ce nom parce qu'il existe un autre Trève dans la commune de Saint-Genest-Lerh (1), près des Combelles (2) ;

(1) On écrit aujourd'hui, sans savoir pourquoi, Saint-Genest-Lerpt. Je lis, dans des actes du XVIIe siècle, Saint-Genest-l'Air, et je vois, sur une carte du diocèse dressée par M. Aug. Bernard, Saint-Genest-l'Herm. Aucune de ces leçons ne repose sur une donnée historique, et personne ne sachant ce qu'a pu signifier ce mot à l'origine, chacun l'orthographie à son gré. Voici ce qui m'a déterminé à adopter l'orthographe que je propose. Lec'h, en armoricain, se prononce Lerh et signifie pierre, spécialement pierre sépulcrale, tombelle, menhir. C'étaient jadis des lieux consacrés, et au moyen âge, il y revenait des esprits (voy. La Villemarqué, *Contes populaires des anciens Bretons*, t. II, p. 298). Or, il y a, à Saint-Genest, tout près du bourg, un lieu nommé *Piéra folla*, c'est-à-dire la *Pierre folle*, ce qui ne permet pas de douter qu'il a existé en ce lieu un monument druidique, probablement un Lerh. On trouve, en Forez, d'autres villages dont le nom composé doit avoir le même radical, entre autres Lérigneux, c'est-à-dire « l'esprit du Lerh ». (Voy., ch. XI, ce que j'ai dit de Polignais et d'Albigneux.)

(2) Inutile de faire remarquer que ce nom de Combelles,

plusieurs autres Trèves dans le pays de Jarez, et quantité de bourgades homonymes dans toute la France. Il ne serait pas raisonnable de voir en chacun de ces lieux, un *trivium romain*, c'est-à-dire le point de rencontre de trois chemins; topographie, histoire, tradition, le plus souvent tout s'y oppose.

Ces Trèves, Trévoux, Trévières, etc., sont donc pour la plupart d'anciennes bourgades gauloises, *trèv* et *treb* étant, dans tous les dialectes celtiques, l'équivalant du *ham* germanique et de notre *mas* du moyen âge (1).

diminutif de *komb*, vallée, est encore tout celtique. Il n'est guère, dans le Jarez, de nom plus commun que celui de Combe et de ses dérivés.

(1) Il semble que, dans la primitive Italie, *trib* devait avoir le même sens que *treb* dans la Gaule. Ce *trib*, inconnu de l'histoire, n'est-il pas le radical du latin « tribus », *famille* ou *clan*; « tributum », *impôt*; « tribuere », *répartir* et aussi *octroyer*; «tribunal», *juge*; «*tribunus*», représentant du peuple? La parenté des vieux idiomes de l'Italie avec celui des Gaulois se révèle à chaque instant. Qu'on me permette d'en citer ici un autre exemple qui n'est pas sans analogie avec le précédent. On vient de

L'existence de ces deux « Trève » dans un
si proche voisinage du bourg des Gagats, me
porterait à croire que notre place du «Trève»,

voir que *trèv* ou *treb* désignait dans les Gaules un lieu
habité, une bourgade, et que *tribus*, delà les monts, ayant
perdu ce sens territorial, ne servait plus qu'à désigner
une grande association politique, en laquelle s'étaient
fondues et absorbées les petites sociétés villageoises des
premiers âges. Prenons maintenant le mot *pagus* (radical
pag). Un *pagus*, c'était, en Italie, ou un bourg ou un
canton, c'est-à-dire, en tout cas, un lieu habité. M. de
Péligny a pu se demander si ce mot n'était pas gaulois,
tant il prit aisément racine dans la Gaule, où il vit encore
dans une nombreuse postérité, y ayant engendré *pays*,
avec le double sens de patrie et de compatriote, *paysan*,
païen, *péage*, *payer* (tout comme *trib* a engendré *tribut*,
contribution). Je ne crois pas cependant que ce mot fût
gaulois. Mais il avait un congénère dans la Gaule : c'était
bag-ad signifiant agglomération, troupe, association populaire. On voit que les deux radicaux *pag* et *bag* étaient
communs. Mais le premier avait pris, en Italie, un sens
territorial ; il désignait le bourg ou le canton habité par
une certaine agglomération d'hommes ; le second, au
contraire, n'avait pas encore, chez les Gaulois, un sens
territorial, et l'insurrection des *Bagaudes*, au IIIe siècle de
notre ère, nous apprend que *bag-ad*, à cette époque, signifiait encore, chez nos pères, troupe errante, association
tumultueuse, horde de *vag*-abonds.

près de l'église de Notre-Dame, marque
l'emplacement d'un autre hameau de ce nom.
Cette place, où se rencontrent quatre rues,
est, en effet, un *quadrivium* ou carrefour,
non un *trivium;* elle est, d'ailleurs, contem-
poraine de l'église, et, au XVIIe siècle, quand
elle fut construite, «Trève» avait perdu, en
français comme en patois, le sens de chemin
à trois branches.

Sans insister sur la valeur de cette conjecture, je dirai toutefois que le quartier compris entre la *Charreiri dos moinis*, la rue
de la Vierge, la rue Violette et *Chantagriè*,
n'est, à mes yeux, pour plus d'une raison,
que la transformation déjà fort ancienne d'un
des humbles masages jadis épars aux appro-
ches du bourg.

IV. — C'est sans doute cette agglomération de petits villages, pour la plupart ano-
nymes, qu'on appelait «Furania» (1), et non,

(1) Au XVIIe siècle cet éparpillement subsistait encore,

comme l'a cru Papire-Masson (1), le bourg principal qui, en latin, a toujours été appelé « Furanum ».

témoin ces vers du poëme de la *Misèra*, de Jean Chappelon :

> Lous Fessós, lou Mount d'O, *vèrs* lous Gaulx, *vèrs* l'Euclosa,
> La Mountat, Chavanè, la Viala, lou *faubourg*,
> *Tous lous petits endreits que çai sount à l'entour.*

On voit que le poëte ne nomme pas tous ces petits endroits; il omet notamment Polignais, Roanel, «lous Gambès », Panassa, les Baumes, etc. Son *faubourg*, c'est Furan même, que l'on nommait, à cette époque, « quartier de l'Ile », vu qu'il était compris dans l'îlot formé par les deux branches du ruisseau. Mais un acte authentique du XVe siècle nous apprend que deux cents ans auparavant, on appelait *faubourgs*, non-seulement Furan, mais tous les *petits endroits* situés hors des murs. (Voyez le traité des habitants de la *ville et faubourgs de Saint-Étienne de Furan* avec Gabriel de Saint-Priest, leur seigneur; La Tour-Varan, *Châteaux et Abbayes*, t. II, p. 385.)

(1) Papire-Masson ne dit pas où il a vu écrit ce nom de Furania ; mais rien n'autorise à supposer qu'il l'ait inventé. Comme il était Forézien, il avait pu le rencontrer dans des actes du comté aujourd'hui perdus, notamment dans les archives de l'abbaye de Valbenoîte et dans celles de la paroisse même de Saint-Étienne, qui furent ensemble anéanties pendant les guerres de religion du XVIe siècle. Le docte Forézien était déjà, à cette époque, un personnage célèbre.

XXII

DERNIERS APERÇUS, POUVANT SERVIR DE RÉSUMÉ A TOUTE CETTE ÉTUDE.

1. — Gens du bourg et gens des annexes,
tous les Gagats de la vallée de Fur habitaient
l'enceinte d'une forêt sacrée. Leur territoire,
propriété sacerdotale, ou, pour parler un
langage plus moderne, bien d'église, était,
pour cette raison, exempt d'impôt et de toute
charge envers la cité (1). Ils vivaient là dans
une sorte de communauté dont la société

(1) « Les Druides sont affranchis des tributs qui pèsent
» sur le reste de la nation : *neque tributa unà cum reli-*
» quis pendunt. » (*Cæs. de Bell. gall.*, lib. VI, cap. XIV.) Il
ne s'agit pas ici, on le comprend, d'un impôt de capita-
tion : égal pour tous, l'exonération en eût été fort peu de
chose ; inégal, il changeait de nature, car il se propor-
tionnait à la richesse des tributaires ; il devenait, dans ce
cas, une espèce d'impôt foncier. On mesurait la taxe personnelle à l'étendue des domaines, à la quantité du bétail,
au nombre des charrues, au nombre des feux, peu importe
comment. En définitive, c'était toujours la terre qui payait
par les mains du propriétaire. — Il est possible que la

moderne n'offre plus d'exemple, hormis peut-
être en quelques villages d'Hernutes.

II. — Ces associations ouvrières tenaient
un peu des jurandes et un peu des congré-
gations de moines : semblables aux jurandes,
parce qu'elles se composaient d'un certain
nombre de familles, ayant le monopole d'une
certaine industrie ; semblables aussi aux con-
grégations monacales, parce que la propriété
privée était chose interdite à leurs membres.
C'est ainsi, du reste, que les corporations

propriété privée d'un druide participât à ce privilége ;
mais il avait évidemment sa source dans la nature des
terres sacrées dont le corps sacerdotal avait la garde et
percevait les fruits, comme un véritable propriétaire. La
puissance morale et politique des Druides, l'extrême superstition des Gaulois, même des nobles, tout porte à
croire que les biens de cette espèce, consacrés au culte et
à l'entretien de ses ministres, devaient être nombreux,
partout épars, souvent d'une grande étendue et compre-
nant, dans leur enceinte, des hameaux, des villages, des
bourgs, même des villes. Quelque vastes et riches qu'ils
fussent, c'eût été un sacrilége de les soumettre à l'impôt,
ce qui créait, au profit des Druides, une immunité bien
autrement remarquable que ne l'eût été la simple exemp-

d'artisans étaient organisées chez les Romains, où la liberté civile avait fait, à coup sûr, plus de progrès que dans les Gaules. La seule différence est que, dans les Gaules, au lieu de relever du pouvoir civil, partout faible et divisé, elles relevaient directement du sacerdoce, hiérarchiquement constitué, n'ayant qu'un chef tout-puissant, qui avait l'œil et la main dans toutes les Cités.

III. — Un Gagat n'était donc point propriétaire de sa hutte en pisé, ni du champ

tion de la taxe personnelle, en supposant qu'elle existât. La condition des habitants de ces terres privilégiées était donc moins misérable que celle des populations attachées aux domaines de l'aristocratie. C'est sur ces malheureuses populations que retombait tout le fardeau des dépenses de la Cité. Les chefs n'y pouvaient rien ; plusieurs en souffraient, et la plèbe faisait pitié. Obérés à force d'emprunts, poursuivis pour leurs dettes et voyant les impôts toujours s'accroître, la plupart des petits tenanciers renonçaient au peu de liberté que leur donnait la loi, et se faisaient de désespoir esclaves des nobles. *Plerique, quum aut ære alieno, aut magnitudine tributorum, aut injuriâ potentiorum premuntur, sese in servitutem dicant nobilibus : in eos eadem omnia sunt jura, quæ dominis in servos.* (Cæs. ibid., lib. VI, cap. XIII.)

clos de haies qui l'entourait, et où il culti-
vait, pour ses besoins, quelques fruits et
quelques légumes; ni de la chèvre, de la
vache ou du porc, que ses enfants menaient
paître dans le voisinage. Il ne manquait pas,
néanmoins, sous son chaume, d'une juste
autorité, bornée seulement par celle de la
corporation à laquelle, de père en fils, et de
la vie à la mort, lui et les siens apparte-
naient. Organisation sociale peu stimulante
sans doute pour le travail, qui contrariait,
en plus d'un sens, l'ordre et les lois de la
nature, mais qui, ôtant à l'homme son indé-
pendance, lui offrait, en compensation, une
certaine sécurité. Tandis que les pauvres
laboureurs, pliant sous le faix des redevances
et des impôts, se voyaient, en outre, engagés
dans les querelles des Cités et dans des guerres
qu'ils n'avaient, d'ailleurs, nul pouvoir d'em-
pêcher (1), les corporations de mineurs et de

(1) Cela résulte de plusieurs passages des *Commentaires*;
la noblesse seule n'eût pu suffire à tant de combats; elle

métallurges, déjà franches de taxes envers l'État, devaient jouir également, comme leurs maîtres et patrons, de l'exemption de la milice.

IV. — Ajoutez que personne n'y était surchargé de travail. On y chômait, avec les prêtres, toutes les bonnes fêtes, et l'almanach druidique n'en était pas moins chargé que celui du moyen âge. Fêtes solennelles d'Esus, de Taran, de Teutatès, accompagnées de chants, de danses, de repas, de cérémonies graves ou riantes, parfois terribles. Fêtes de Bel, de Grannos, d'Héol, d'Yon, de Jana, d'Arus, d'Ogmios, de Kernunos. Fêtes de Korid, de Fur, de Poul, de Divona; car, après les dieux supérieurs, chaque petit dieu ou génie topique avait la sienne.

De là, peut-être, pour le dire en passant,

armait ses bergers et ses laboureurs. On voit (l. VIII, c. III) César attaquer, à l'improviste, des paysans sans défiance, au milieu même de leurs travaux : *sine timore ullo rura colentes.*

le nom de « vogue » qui est resté, en Jarez
comme en d'autres provinces, à ces fêtes
rustiques, « vog » étant, comme on peut l'in-
duire de l'inscription au dieu « Vogesus »,
patron des Vosges, un nom commun aux
divinités champêtres, à ces esprits légers,
à ces êtres aériens que les Gallois, par
une altération familière à la langue des
Celtes, appellent « Bwg », et les Irlandais
« Puka ».

Quoi qu'il en soit, dévotion ou paresse, les
ateliers étaient souvent déserts. Au jour
marqué et attendu, on allait en pèlerinage
au lieu consacré, arbre, pierre ou fontaine,
et les marchands, selon l'usage, suivaient les
pèlerins. La foire se mêlait à la fête. Les
nobles de loin y venaient. Emplettes utiles,
cadeaux futiles, ripailles, libations, rondes,
bourrées et farandoles. A peine si, dans la
semaine, on travaillait trois jours, et c'était
là, quand on y pense, le juste et nécessaire
résultat d'un pareil ordre social. Le marteau

a vite fatigué la main morte. A suer sur l'en-
clume, à se brûler les yeux à la fournaise,
les Gagats n'en auraient pas été plus riches,
et n'ayant d'ailleurs à exercer dans la Cité
aucun droit viril, ils étaient comme de grands
enfants, doux, folâtres, joueurs, et d'une
crédulité sans pareille. La religion compatis-
sait à leur paresse, en multipliant les fêtes,
et leur rendait ainsi supportables et même
agréables des labeurs sans fruit.

Ces immunités et ces plaisirs, quoique
payés trop cher, faisaient aimer la corporation. Elle était, pour les Gagats, une autre
famille, la grande famille, la Cité même. Ils en
étaient fiers et jaloux, et s'il était permis aux
voyageurs de faire étape en leur vallée, il leur
était certainement interdit de s'y fixer et
d'y élire domicile.

V. — Ce singulier état de choses, quoique
très-modifié sans doute et très-adouci, n'avait
pas entièrement disparu sous Louis XIV.

Tous les Gagats, à deux lieues à la ronde, étaient alors, et de temps immémorial, exempts de la milice (1).

Ils ne se donnaient point du « monsieur » et, riches ou pauvres, s'appelaient entre eux, à la mode des ancêtres, « frare » ou « frérot ».

Le bisaïeul, si gueux fût-il, était, pour la tribu, « lou Ré-pare-grand », le Roi-grand-père. C'est, mot à mot, l' « ar–Roué-« tad-kos » le Roi–père–vieux d'Armorique, l'ancien Rix du trève gaulois.

Dès qu'un ouvrier était mort, les femmes du quartier s'installaient chez lui, le paraient pour la tombe, et, au clair de lune, après minuit, se détachaient l'une après l'autre du cercle des veilleuses, pour aller chanter dans

____

(1) « Il est interdit, par les règlements, de battre la
» caisse et lever des recrues dans la ville et à 2 lieues à
» l'entour. » (*Rapport des intendants.*)

la rue on ne sait quelles chansons (1), vrai-
semblablement à moitié païennes, où la pâle
déesse, qui emporte les morts sur son cheval gris, était peut-être encore invoquée,
comme dans le couplet que nous avons cité
plus haut (ch. XI, § 4).

Le rituel funèbre de la Gaule, dès longtemps aboli dans toute la France, revivait
dans cette veille étrange et ces complaintes
de nos grands-mères.

VI. — Une remarque, à ce propos, me
frappe, et je ne puis me défendre de la con-
signer ici : cette lamentation des femmes est
appelée, chez les Gaëls d'Écosse, « koro-
nach », sans doute à cause du bruit des cornemuses qui, ordinairement l'accompagnait ;
et, chez les Bretons, « maronad », c'est-à-

(1) Vê la meinot, farouns lou régalageou,
   Et peus n'éirouns, seloun que vou é d'usageou,
   - Chantâ defò chacuna ina chansoun.
(Poëme de *Bobrun*, Antoine Chappelon, xviie siècle.)

dire chant mortuaire ; or, on trouve, en notre patois, non ces deux mots, mais deux verbes qui, visiblement, en dérivent : « can-cornâ (1) » et « marounâ (2) » qui, l'un et l'autre, signifient *se plaindre*, *murmurer*, *gémir*.

VII. — Et ce n'est pas seulement dans le deuil, c'est surtout dans la joie que les Ga-gats avaient gardé la vive empreinte des mœurs de la corporation de Fur. « Parlez-» moi du vieux temps, disait en 1836 un » centenaire ; il ne fallait pas tant s'échiner » pour gagner sa pauvre vie ; en travaillant » trois ou quatre jours seulement, on avait de

(1) *Kan-korna*. — En armoricain : *kan*, chant ; *korna*, sonner du cornet à bouquin et aussi jouer du *biniou* ou cornemuse.

(2) On dit, au présent de l'indicatif : *o marone*, il se plaint, il murmure. On dit aussi par contraction, « mor-nâ », qui a exactement le même sens que « marounâ », ce qui nous donne la clef du mot français *morne*, qui veut dire : triste, accablé de tristesse.

» quoi se reposer le reste de la semaine (1). »
Voilà comment les choses se passaient sous
Louis XV ; jugez du spectacle cent ans aupa-
ravant.

Que de pèlerinages, grand Dieu ! que de
jours fériés ! Vogues d'ici, vogues de là, dans
la ville, autour de la ville, dans tous les
bourgs, tous les hameaux, et jusqu'en de
profondes solitudes, près d'un ruisseau, dans
un bois, loin de tout lieu habité et de toute
chapelle. Quel saint, je vous le demande,
allait-on chercher en ces déserts, dans le val
de Janon, par exemple, ou sous les hêtres de
Beaubrun? Jana, Poul, Fur, et tant d'autres
dieux, étaient sans doute oubliés ; mais leur
culte avait, en quelque sorte, survécu à leur
mémoire, se célébrait aux mêmes lieux et
presque de la même manière, au son des
« chiorettes » ou cornemuses, verre en main,
fleur au corsage, cotillon au vent.

(1) Descreux, *Vie de Boyron*, p. 9. — Saint-Étienne,
Sauret, 1837.

VIII.— Parmi ces vogues, il y en avait une,
au-dessous de la ville, dans les prés, singulière entre toutes ; on n'y dansait pas seulement, on y faisait courir des chevaux, et bien
que ces chevaux, au moins ceux de mon temps,
fussent de mine et d'allure à faire éclater de
rire le jockey-club ; le jour où ils se dispu-
taient le prix de vitesse, ville et faubourgs
étaient déserts ; pas un Gagat n'eût manqué
à la « radice », car c'est ainsi, par exception,
qu'on nomme cette fête-là. Grande marque
d'antiquité, puisque « redek », en celto-
breton, signifie courir, « red », course, et que
ce radical se retrouve, avec le même sens,
dans tous les dialectes celtiques (1).

(1) M. Onofrio, en son *Glossaire des patois de Lyonnais,
Forez et Beaujolais*, et M. Gras, en son *Dictionnaire
du patois forézien*, disent que « radice » signifie *gâteau,
brioche*, ce qui est vrai ; car cette espèce de gâteau était
anciennement le prix de la *course*, c'est-à-dire de la
« radice ». Devenu en certains lieux le prix d'autres jeux
d'adresse, il a conservé le nom glorieux qu'il tirait de son
origine oubliée.

IX. — Ainsi, chez les Gagats, même attachement aux vieux *us*, même les plus barbares; même attachement au pays. L'abbé
Chappelon, èn son poëme de «la Misèra»,
nous fournit là-dessus, sans en avoir d'ailleurs le moindre soupçon, d'inestimables
renseignements.

Né au milieu du xviie siècle, il avait assisté
à une espèce de révolution, l'établissement
dans la ville d'un grand nombre d'étrangers,
et il attribuait à ce phénomène sans exemple
la misère publique et la dépravation des
mœurs. Ah! dit-il, « autrefois, grands et
» petits, tous étaient chez nous pairs et com-
» pagnons; tous bons amis; nulle préémi-
» nence; un pêle-mêle innocent. »

> Lous grands et lous petits, sen se pourtâ guignoun,
> Se tratavount chacun de pair et coumpagnoun;
> Vou èra de bouns amis : rê de prééminenci;
> Tout se mélave ensicu.....

Ce règne de l'égalité, qu'il avait vu, était,

à l'en croire, aussi heureux que prospère.
Peu de travail, gros profits, grand' chère, la
vie pour rien, partout le flonflon des méné-
triers et des danses jusque dans les rues.

> Vou çai fasit bê veire
> Couratà lous violouns pá toute le charreire.
> Lou pain, lou vin, la viat, tout èra à boun marchi.....

C'est cette vie de Courètes qui, à la fin,
affrianda le voisinage. Notre noire vallée
passait pour une Cocagne et un vieux proverbe
le disait. Du Vivarais, du Velay, de l'Auvergne, les paysans y venaient ; plusieurs, il est
vrai, y faisaient souche d'affamés ; mais plusieurs aussi, à force d'économie, s'y engrais-
saient aux dépens de nos joyeux forgerons.
Sur quoi, grande colère de l'abbé qui, mettant
sur le compte de ces intrus la famine, la
peste, tous les fléaux du temps et tous les
péchés de la ville, s'écrie, en son patois, qu'il
n'y a plus céans ni « police », ni « justice »,

et qu'on eût dû « dans le commencement »,
chasser cette « canaille », avec menace du
fagot, si elle reparaissait.

> Si vou çai aït eu quauqua bouna poulici,
> Ou, pâ lou moins, un brin de ce qu'é diount justici,
> En retranchant l'abus dins soun coummenciment,
> Tau que gueuse aujord'heu viôrit paisiblament.
> Faillit passâ defô touta iquella racalli,
> Avouè la buchi au quiô.....

X. — La pièce, énergique, d'ailleurs, et
touchante, est sur ce ton, et à ces regrets
d'un âge d'or enfin évanoui, à ces invectives,
à ces imprécations contre la race profane dont
la présence a, selon lui, tout gâté, on croirait
entendre, non un prêtre chrétien, mais quelque vieil Eurise déplorant le déclin de sa
gaie et pieuse confrérie.

FIN.

TABLE DES MATIÈRES

Paris. — Imprimerie de E. MARTINET, rue Mignon, 2.